Exotische Küche

Philippinische Küche

Original Kochrezepte von allen philippinischen Inseln (Luzon, Bicol, Visayan,Mindanao und Panay u.v.a.)

Nariman Zeitun M. N. Asfahani

Die Autorin und der Verlag bedanken sich bei allen,die sie mit Rezepten versorgt haben, damitdieses Buch auf dem deutsch-sprachigenMarkt erscheinenkonnte.

1. Auflage 1996 ☪ 5. Auflage 2022

Bearbeitung: Christina Khenkhar
Titel Bild: Gundula Wagner
Übersetzung, Gestaltung, Herstellung und Satz:

Asfahani Verlag
Hausbrucher Straße 54 / D-21147 Hamburg
Telefon (AB) 040 7967951 Fax 040 7967955
Email: info@asfahani.de
Internet: www.asfahani.de

ISBN 978-3-927459-87-8

Sachregister

Kurze Informationen

Kokosnuss 6
Chili 6
Dämpfen ohne
Dampfkochtopf 7
Reisblätter 8
Methode 2 9
Gebratene Zuckersirup 9
Philippinische und
asiatische Spezialitäten 10
Gemüse 11
Gewürze und
Gewürzpflanzen 12

Vorspeisen und Beilagen

Gebratener Kohlblätter 13
Fröhlingsrollen 14
Krabben- oder
Garnelenrollen 14
Gebratene Garnelen 15
Hähnchenkeulen
mit Soja 16
Gegrillte Tintenfisch 16
Fleisch mit Bohnenpaste 17
Gewürzte Sardellen 18
Gebratenes Fleisch 18
Teigtaschen mit Fleisch
oder Fisch 19
Teigtaschen mit Krabben 21
Kalamaresringe 22
Gebratene Krabben 22
Variante 1 23
Philippinische Salatteller 24
Mangosalat 25
Brotfruchtsalat 25

Suppen

Gemüsesuppe 26
Krabben-Zitronen-
gras-Suppe 27
Glasnudelsuppe 28
Fleisch Sinigang 29
Krabben Sinigang 30
Fisch Sinigang 31
Variante 2 32
Fischbällchen Suppe 32
Reissuppe 33
Hähnchensuppe mit
Tamarinde 34
Hähnchensuppe
mitPapaya 35
Hähnchensuppe mit
Kokosnuss 36
Fleischsuppe 37
Fischsuppe mit Ingwer 38
Bohnensuppe 38
Nudelsuppe 39
Suppe mit gefülten
Reisblätter 40

Gemüsegerichte

Grüne Bohnen mit Sesam 42
Bikol Express 42
Mungbohnen mit
getrocknete Krabben 43
Gemüseeintopf 44
Chopsuey 45
Tropische Gemüseeintopf 46
Kohl mit Austersoße 47
Bittergurge mit Fischpaste 47
Kokosnuss und Gemüse
in Austersoße 48
Broccoli in Austersoße 49
Gebratene Bohnenpaste 50
Auberginen Auflauf 50
Flaschenkürbis in
Teigblätter 51
Pfannkuchen mit
Kokosnussherzen 52
Pfannkuchen mit Gemüse 54
GedünsteteBohnen-
sproßen mit Bohnenpaste 57

Geflügelgerichte

Hähnchen mit
Kokosnussmilch 59
Hähnchen Adobo 60
Variante 2 61
Variante 3 62
Gebratene Hähnchen in
Ingwersoße 63
Hähnchen mit milde
Peperoni 64
Apritada 65
Fritierte Hähnchen 66
Caldereta 66
Variante 2 67
Hähnchenflügel mit
Gewürzsoße 68
Hähnchen mit Papaya 69
Hähnchenfleisch mit
Gemüse und Nüsse 70
Gefülte Pute 71
Hähnchenleber mit
Gemüse 73

Kümmel

Kreuzkümmel

Fleischgerichte

Fleisch Adobo 74
Grillen:
Ribbchen 75
Fleischspieß 75
Hackfleischspieß 76
Getrocknete Fleisch in Kokosnussmilch 77
Fleisch, süß-sauer 77
Fleisch mit Fischpaste 78
Fleisch mit Krabbenpaste 79
Panzen mit Sojabohnenpaste 80
Panzen mit Sojasoße 80
Fleisch und Gemüse mit Auberginensoße 81
Fleisch mit Auberginen 83
Fleisch mit Leber 84
Beefsteak in Austersoße 85
Variante 2 86
Fleischbällchen mit Essigsoße 86
Fleischbällchen, süß-sauer 87
Beefsteak mit Schinkenfett in Tomatensoße 88
Beefstak 89
Beefsteak Roladen 90
Fleisch mit Zuckererbsen 91
Eingelegte Haxe 92
Gewürztes Zigenfleisch mit Gewürze 92
Ochsenschwanz mit Erdnusssoße 94
Variante 2 95
Variante 3 96
Caldereta 97
Gekochte und gebratene Foten 98

Fischgerichte

Fisch mit Kokosnuss Und Knoblauch 100
Variante 2 100
Fisch mit Kokosnuss und Ingwer 101
Fisch, süß-sauer 102
Gekochte Fisch in Kokosnusssoße 103
Gebratener Fisch mit Eiersoße 103
Fisch in Tamarindesoße 104
Gedämpfter Fisch 105
Variante 2 106
Gebratene Fisch mit Spinatsoße 107
Gekochte Fisch in Kokosnussmilch 108
Kalamares in Knoblauchsoße 109
Adobong Pasit 109
Gefülte Fisch 110
Krabben in Kokosnussmilch 112

Reis- und Nudelgerichte

Reis kochen
Grundrezept 113
Variante 2 113
Philippinische Paella 114
Arroz ala Cubana 116
Bringbe - Reis in
Kokosnussmilch 118
Reisnudel mit Broccoli 120
Reisnudel mit
Basilikom 121

Nachspeisen

Milchreis in
Rohrzucker 122
Mehlbällchen 122
Kochbananen
mit Kokosnuss 123
Süßkartoffeln in
Kokosnussmilch 123
Reis mit
Kokosnussmilch 124
Kokosnussbällchen 124
Gebackene Cassava 125

Eingelegte Zutaten und Soßen

Mango 127
Erdnusssoße 127
Fischsoße 128
Soße, süß-sauer 128

Süßkartoffel

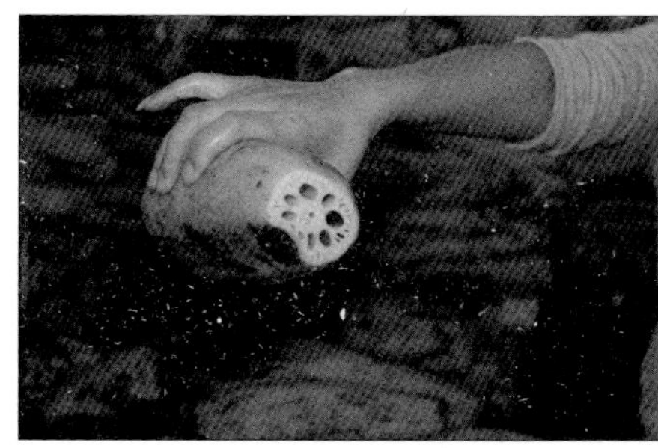

Lotoswurzel

Kokosnussmilch

Um Kokosnussmilch herstellen zu können, muss man zuerst das weiße Fruchtfleisch raspeln oder reiben.

Kokosnusspaste herstellen

1. Methode

☺ Fruchtfleisch einer Kokosnuss reiben ➟ in den Mixaufsatz einer Elektroküchenmaschine geben ➟ 1/4 Liter heißes Wasser darüber geben und mit hoher Geschwindigkeit mixen ➟ einen weiteren 1/4 Liter heißes Wasser dazugeben und weitermixen, bis ein glatter Brei entstanden ist.

2. Methode

☺ Kokosnussfruchtfleisch von Hand reiben (oder fertig geriebene Kokosnuss verwenden) ➟ 1/2 Liter heißes Wasser darüber geben ➟ mit einem Schneebesen oder Elektromixer kräftig schlagen.

Kokosnussmilch herstellen

☺ Ein Sieb mit einem Küchentuch auslegen ➟ Kokosnussbrei hineingeben ➟ mit einem Löffel kräftig pressen ➟ die Enden des Tuches zusammenhalten und kräftig wringen, damit die restliche Flüssigkeit aus dem Brei austropfen kann.

✤✤✤✤✤✤✤✤✤✤

Chili

Wie man mit scharfen Chilis umgeht

Bevor Sie die Chilis anfassen, Ziehen Sie bitte Gummihandschuhe an. Dadurch wird verhindert, dass die ätherischen Öle Ihnen Hautjucken verursachen. Außerdem berühren Sie nicht Ihre Augen während des Arbeitens mit Chili.

Chili nur mit kaltem Wasser waschen. Heißes Wasser kann manchmal bei getrocknetem Chili Dämpfe entwickeln, die die Augen und Schleimhäute reizen.

✤✤✤✤✤✤✤✤✤✤

Dämpfen ohne Dampfkochtopf

Es gibt mehrere Methoden, Gerichte zu dämpfen, ohne extra einen Dampfkochtopf zu kaufen.

Abb. 1:

Etwas Wasser in einen Topf geben ➡ ein Metallsieb in den Topf stellen ➡ Zutaten in das Sieb geben ➡ Topf zudecken und das Wasser zum Kochen bringen, dann bei mittlerer oder schwacher Hitze dämpfen lassen, bis die Zutaten gar sind.

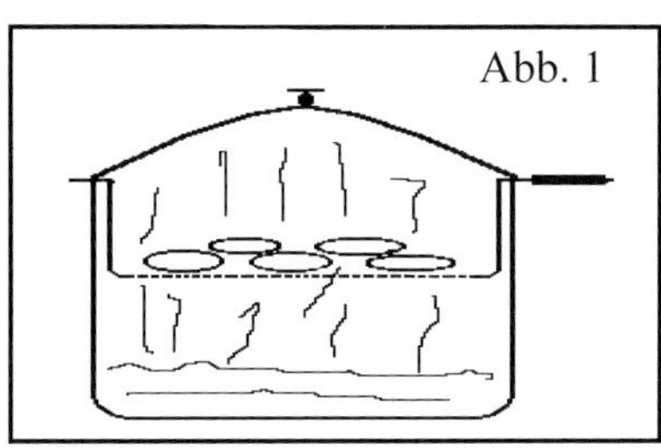
Abb. 1

Abb. 2:

Wasser in einen Topf geben ➡ eine schwere Tasse in die Mitte stellen und darauf eine Platte aus Metall oder Keramik legen ➡ die Zutaten darauf verteilen ➡ Topf zudecken und das Wasser zum Kochen bringen, dann bei mittlerer oder schwacher Hitze dämpfen, bis die Zutaten gar sind.

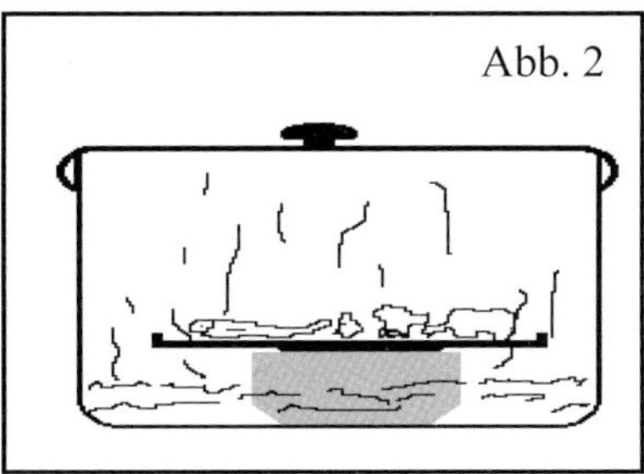
Abb. 2

✤✤✤✤✤✤✤✤✤✤

Reisblätter

Reisblätter werden in Asien für Frühlingsrollen verwendet. Es gibt fertige und frische (hausgemachte) Reisblätter. Die erste Sorte kann man in vietnamesischen oder fernöstlichen Lebensmittelläden kaufen. Sie wird aus Reismehl, Salz und Wasser hergestellt. Die zweite Sorte kann man selber herstellen.

Frische Reisblätter - Methode 1

Zutaten:

1 Tasse feines Reismehl
1/4 Tasse Tapiocastärke oder Maisstärke
ca. 2 Tassen Wasser
etwas Salz

So wird es gemacht:

☺ Alle Zutaten in eine Schale geben und gut verrühren (Der Teig muss flüssig sein).

☺ Ein flaches Sieb mit einem starken Tuch bespannen (siehe Abb. 3) ➡ ca. 1 Tasse Wasser in einen Topf geben ➡ das Sieb daraufstellen und zum Kochen bringen, dann auf mittlere Hitze stellen.

☺ Eine Kelle flüssige Reismehlmischung in die Mitte geben und dünn auf dem Tuch verteilen ➡ ca. 1 Minute dämpfen lassen. Dann einen Holzstab nehmen, und auf eine Seite das Reisblatt legen. Die Reisblattecke heben und über den Holzstab legen und rollen (siehe Abb. 4). Damit können Sie das fertige Reisblatt vom Sieb entfernen. Danach auf eine flache Unterlage legen.

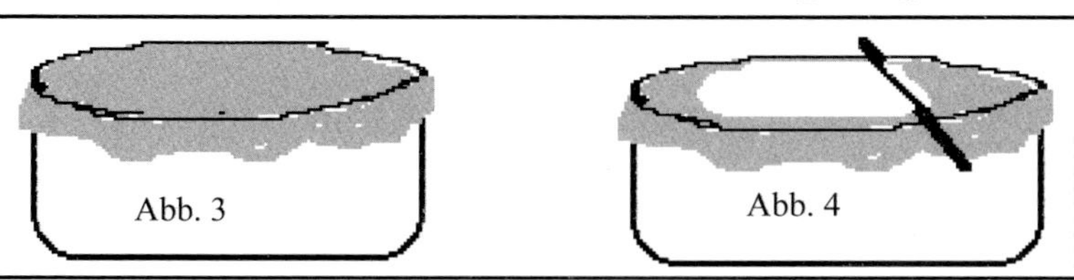
Abb. 3 Abb. 4

Methode 2

Zutaten:

Siehe Methode 1, dazu benötigen Sie ca. 1 Esslöffel Öl
Butter oder Öl

So wird es gemacht:

☺ Die Zutaten werden in einer Schale zu einer flüssigen Mischung verarbeitet.
☺ Etwas Butter oder Öl in einer Teflonpfanne erhitzen ➡ eine Kelle Reismischung in die Pfanne geben. Pfanne zudecken und einige Sekunden von einer Seite anbraten. Dann Deckel abheben und die Oberfläche beobachten. Wenn das Reisblatt gar wird, bilden sich auf der Oberfläche längliche Blasen. Ansonsten Pfanne zudecken und einige Sekunden garen.

5

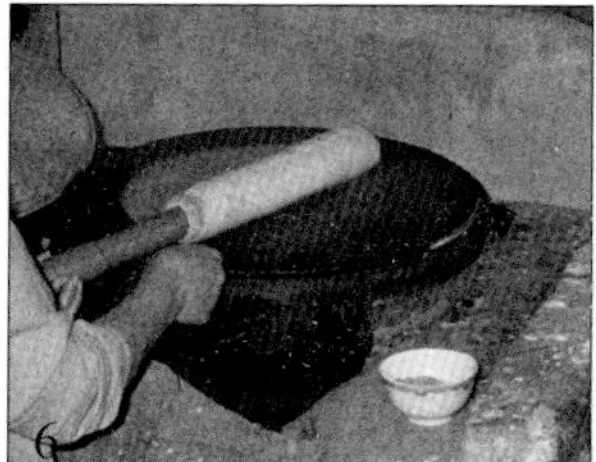
6

7

Original werden die Blätter, wie die Bilder oben zeigen, über einer etwas gewölbten Mettalplatte gegart.

✽✽✽✽✽✽✽✽✽✽

Gebrannter Zuckersirup

☺ Etwas Wasser und Zucker in einen kleinen Topf geben, umrühren und stark erhitzen. Wenn der Zucker dunkler wird, ständig rühren, bis die Zuckerfarbe dunkelbraun ist ➡ vom Herd nehmen ➡ das restliche Wasser dazugeben und gut verrühren, dann einige Minuten köcheln lassen ➡ etwas Zitronensaft darüber geben und rühren ➡ vom Herd nehmen und abkühlen lassen.

Philippinische und Asiatische Spezialitäten

Adobado: Haltbar gemachte Fleischgerichte in Essig und Knoblauch.

Adobo: Fleischgerichte vorbereitet mit Essig, Knoblauch, Sojasoße und Gewürze.

Achuete oder Annattosamen: Annattosamen (in Pulverform) färben die Gerichte rötlich, und geben ihnen einen milden Peperoni geschmack

Alamang: Sehr kleine Krabbenart

Apritata: Hähnchen- oder Fleischgerichte gekocht mit milder Peperoni und Tomatnmark

Bigas oder Nasi: Reis

Bangoong Alamang: Paste hergestellt aus gesalzene und gegahrten Krabben

Bangoong Isda: Dickflüssige Paste hergestellt aus gesalzene und gegahrten frischem Fisch

Bringhe: Reisgericht mit Kurkuma (Dilaw/dilo) und Kokosnussmilch

Cuinata oder Ginatan: Gerichte mit Kokosnussmilch

Panocha: Dunkelbrauner Rohrzucker, wird zu Sirup vearbeitet und in Kokosnusshälften aufbewahrt und verkauft

Pinais: Gericht aus Krabben und junge Kokosnuss

Pinakbet: Gemüsegericht gekocht mit Bangoog

Pinangat oder Tinuktuk: Krabben in Taroblätter

Tausi: Schwarze Sojabohnen, gestampft und eingelget

Andere Asiatischen Zutaten:

Reisblätter / Reisnudel / Glasnudel / getrocknete Fisch / Anchoviepaste (Sardelnpaste) / Tamarindepaste / Bohnenpaste / Bohnensoße / Sojasoße / Fischsoße / Austernsoße / Agar-Agar (Seegras) / getrocknete

Krabben / Klebereis (Bruch- oder Milchreis) getrockneter Tintenfisch / Taroblätter / Zitronengra..u.v.a.

✤✤✤✤✤✤✤✤✤✤

Gemüse

Amarant: Amarant wird wie Spinat vorbereitet. leider sieht man diese Gemüsesorte selten auf den Märkten.

Auberginen: Außer den üblichen Angeboten an dunklen Sorten (ca. 20 Sorten) gibt es weiße, gelbe und grüne runde Auberginen. Diese Sorten werden zu bestimmten Jahrzeiten importiert. Grüne Auberginen werden Afrikanische Auberginen genannt, sie werden auch unter dem Namen „ *Antroewa* " in manchen Feinkostgeschäften angeboten.

Batate „Süßkartoffel oder weiße Kartoffel": Batate werden das ganze Jahr auf dem deutschen Markt angeboten, trotzdem ist die Süßkartoffel hierzulande wenig bekannt.

Bohnen (getrocknete Sorten): Spargelbohnen oder Augenbohnen (bekannt auch als schwarze Augenbohnen) Adzukibohnen dunkelbraun mit weißen Streifen

Bohnen (frische Sorten): Außer dem üblichen Angebot an Bohnen auf dem deutschen Markt, gibt´s gelegentlich folgende Sorten:

Bobbybohnen (Ägypten) Borlottibohnen (Italien)
Cocobohnen, bekannt als breite Bohnen
Kidneybohnen oder Rote Bohnen
Schwarze Bohnen Spaghetti-Bohnen
Wachtelbohnen Limabohnen Adzukibohnen
Reisbohnen Urdbohnen Mungbohnen

Celosie oder Amaranthaceae: Blattgemüse ähnlich wie Amarant. Es gibt rote und grüne Celosie.

Chayote (Eierkürbis) auch *Chocho* oder *Christofine* genannt: Eine Chayotefrucht wiegt ca. 250 bis 300 g. Chayotefleisch wird als Salat oder als Kochgemüse gegessen.

Flaschenkürbis: Das ganze Jahr über auf dem deutschen Markt erhältlich. Sie sehen aus wie große Zucchini und haben eine hellgrüne Farbe. Flaschenkürbis wird als Kochgemüse verwendet. Kleine Flaschenkürbisse werden auch türkische Zucchini genannt.

Maniok oder Cassava: Kochgemüse. Das ganze Jahr über auf dem Markt erhältlich.

Matoke oder Plantain: Grüne Kochbananen.

Okra: Kochgemüse

Yam: Knollen, die man wie Kartoffeln kochen und essen kann.

Palmölnüsse: Man bekommt sie ab und zu bei einigen afrikanischen Lebensmittelhändlern (Afro-Shop).

Pfeilwurz (Arrowroot): Wird als Kochgemüse verwendet.

Tapioka: Sago aus der Maniokwurzel.

Gewürze und Gewürzpflanzen

In unserem Kochbuch haben wir Gewürze und Gewürzpflanzen verwendet, die in Deutschland erhältlich sind, das sind:

Chilis, es gibt in manchen Afro-Shops sehr scharfe afrikanische Chili.

Garam Masala (Gewürzmischung)

Gelbwurzel (nicht in Pulverform), wird ab und zu auf dem Markt angeboten.

Gelbwurzelpulver oder Kurkuma

Ingwerwurzel

Ingwerpulver

Koriander (wird auch Chinesischepetersilie genannt), frisch oder getrocknet

Vorspeisen

Gebratene Kohlblätter

Zutaten:

1 kleiner Kohlkopf, zerlegen, Blätter waschen, abtropfen lassen (große Blätter) und halbieren
1 Tasse Mehl
1 Tasse Maismehl (Mehlstärke)
1 Tasse Wasser
1 bis 2 Eier, aufschlagen, in eine Schale geben und verrühren
Salz und Pfeffer
Öl

So wird es gemacht:

☺ Mehl, Maismehl, Wasser, Salz und Pfeffer in eine Schale geben und zu einem weichen Teig verarbeiten. Falls der Teig sehr dick ist, etwas Wasser dazugeben.
☺ Öl in einer Pfanne erhitzen.
☺ Kohlblätter in den Teig tauchen und in dem heißen Öl goldbraun braten ➟ aus der Pfanne nehmen, abtropfen lassen und servieren.

Vermerk:
Man kann die Kohlblätter vor dem Braten kurz kochen, danach abtropfen lassen, in den Teig tauchen und braten.

☆☆☆☆☆☆☆☆☆☆

Frühlingsrollen

Zutaten:

250 g Hackfleisch
2 Karotten, schaben und fein hacken, oder reiben
1 kleine weiße Rübe, schaben, in Streifen schneiden und fein hacken
1 Zwiebel, fein hacken
1 Lauchzwiebel, fein hacken
1 Ei, aufschlagen, in eine Schale geben und verrühren
1 bis 2 Esslöffel Maismehl (Mehlstärke)
1 Teelöffel Fischsoße
1 Packung Blätterteig, oder Reisblätter (Molo)
Salz und Pfeffer
Öl, zum Braten

So wird es gemacht:

☺ Hackfleisch, Karotten, Rüben, Zwiebel, Lauchzwiebel, Ei, Maismehl, Fischsoße, Salz und Pfeffer in eine Schale geben und gut vermengen ➟ ca. 2 Esslöffel Füllung auf einen Blatteig oder Blattreis legen, zu erst die untere Ecke über der Füllung legen, dann die Seiten, danach von unten nach oben rollen. Evtl. die letzte Ecke von innen mit Ei bestreichen, damit beim Braten die Rolle nicht aufgeht ➟ alle Blätter füllen und beiseite stellen.
☺ Öl in einer Pfanne erhitzen ➟ gefüllte Rollen dazugeben und knusprig braten ➟ heiß mit Soßen servieren.

☆☆☆☆☆☆☆☆☆☆

Krabben- oder Garnelenrollen

Zutaten:

250 g Krabben- oder Garnelenfleisch
1 Lauchzwiebel, fein hacken
1 Schalotte, fein hacken
1 kleine Zwiebel, fein hacken
1 Ei, aufschlagen, in eine Schale geben und verrühren

1 Knoblauchzehe, mit etwas Salz zerdrücken
Salz und Pfeffer
1 bis 2 Esslöffel Maismehl (Mehlstärke)
1 Packung Teigblätter (Lumpia), oder Reisblätter (Molo)
Öl, zum Braten

So wird es gemacht:

☺ Alle Zutaten (außer Öl und Teigblätter) in eine Schale geben und gut vermengen ➟ ca. 2 Esslöffel Füllung auf einen Blatteig oder Blattreis legen (siehe Seite 9 Abb. 3), zu erst die untere Ecke über der Füllung legen, dann die Seiten, danach von unten nach oben rollen. Evtl. die letzte Ecke von innen mit Ei bestreichen, damit beim Braten die Rolle nicht aufgeht ➟ alle Blätter füllen und beiseite stellen.
☺ Öl in einer Pfanne erhitzen ➟ gefüllte Rollen dazugeben und knusprig braten ➟ heiß mit Soßen servieren.

☆☆☆☆☆☆☆☆☆☆

Gebratene Garnelen

Zutaten:

250 g Garnelenfeisch, oder 500 g kleine Garnelen. die einzelnen Garnelen der Länge nach halbieren
1/2 Tasse Mehl
1 oder 1/2 kleine Chilischote, Samen entfernen und fein hacken
1 Ei, aufschlagen, in eine Schale geben und verrühren
1 Knoblauchzehe, mit etwas Salz zerdrücken
Salz und Pfeffer
Öl, zum Braten

So wird es gemacht:

☺ Chili, Knoblauchpaste, Salz und Pfeffer zum Garnelen geben und gut vermengen.
☺ Öl in einer Pfanne erhitzen.
☺ Garnelen in Mehl wälzen ➟ in eine Pfanne geben und goldbraun braten, abtropfen lassen und servieren.

Hähnchenkeulen mit Soja

Zutaten:

500 g Hähnchenkeulen, halbieren, waschen und abtropfen lassen
2 Esslöffel Tausi (eingelegte schwarze Sojabohnen), zerdrücken
1 Esslöffel Sojasoße
2 cm Ingwerwurzel, zerdrücken
1/2 Knoblauchzehe, mit etwas Salz zerdrücken
1 Chilischote, der Länge nach halbieren, Samen entfernen und fein hacken
Staranis (Menge nach Geschmack)
1 Tasse Wasser
etwas gelbe Lebensmittelfarbe
Öl, zum Braten

So wird es gemacht:

☺ Lebensmittelfarbe über die Hähnchenkeulen geben ➟ gut vermengen und einige Minuten stehen lassen.
☺ Öl in einer Pfanne erhitzen ➟ Hähnchenkeulen dazugeben und goldbraun braten ➟ aus der Pfanne nehmen, abtropfen lassen und beiseite stellen.
☺ Das meiste Bratöl aus der Pfanne entfernen ➟ Knoblauchpaste, Chili und Ingwerpaste dazugeben und kurz dünsten ➟ Sojasoße und Tausi dazugeben und kurz dünsten ➟ Wasser und Staranis dazugeben, gut verrühren ➟ kurz zum Kochen bringen, dann bei schwacher Hitze 4 bis 5 Minuten köcheln lassen ➟ Hähnchenkeulen in die Flüssigkeit geben ➟ Pfanne zudecken und köcheln lassen, bis die Soße dick und die Keulen gar sind.

☆☆☆☆☆☆☆☆☆☆☆

Gegrillter Tintenfisch

Zutaten:

500 g Tintenfische, Tantageln (Arme), Augen und Innereien entfernen, unter fließendem Wasser

waschen, in kleine Stücke schneiden, in ein Sieb geben und abtropfen lassen
1 kleine Chilischote, der Länge nach halbieren, Samen entfernen und fein hacken, oder zerdrücken
1 Knoblauchzehe, mit etwas Salz zerdrücken
2 cm Ingwerwurzel, zerdrücken
4 bis 5 Esslöffel Sojasoße
4 bis 5 Esslöffel brauner Zucker
2 Esslöffel Honig
Salz und Pfeffer

So wird es gemacht:

☺ Alle Zutaten in eine Schale geben und gut vermengen ➟ Schale zudecken und ca. 1 Stunde ziehen lassen. Zwischendurch wenden.
☺ Grill mit Holzkohle vorheizen.
☺ Tintenfischstücke auf Spieße stecken und grillen, dabei mit Marinade bestreichen ➟ heiß servieren.

☆☆☆☆☆☆☆☆☆☆

Fleisch mit Bohnenpaste

Zutaten:

250 Fleisch, aus dem Schulter, in kleine Würfeln schneiden, waschen und abtropfen lassen
2 bis 3 Stücke Bohnenpaste (Tokwa)
2 kleine Zwiebeln, hacken
1 Knoblauchzehe, mit etwas Salz zerdrücken
6 bis 7 Esslöffel Sojasoße
5 Esslöffel Essig
Salz
Öl, zum Braten

So wird es gemacht:

☺ Fleischstücke und etwas Salz in einen Topf geben ➟ mit Wasser bedecken und gar kochen ➟ in ein Sieb geben und abtropfen lassen ➟ warm halten.
☺ Öl in einer Pfanne erhitzen ➟ Bohnenpaste dazugeben und braten ➟ aus der Pfanne nehmen ➟ abtropfen lassen

und in Würfel schneiden.
☺ Essig, Sojasoße, Knoblauchpaste, Zwiebeln und etwas Salz in eine Servierschale geben und gut vermengen.
☺ gekochtes Fleisch und gebratenes Bohnenpaste mit Soße servieren.

☆☆☆☆☆☆☆☆☆☆

Gewürzte Sardellen

Zutaten:

250 g Sardellen (Dilis)
1/2 Tasse Maismehl (Mehlstärke)
1 bis 2 Chilischoten, der Länge nach halbieren, Samen entfernen und fein hacken
4 bis 5 Esslöffel brauner Zucker
1 Ei, aufschlagen, in eine Schale geben und verrühren
Salz
Öl, zum Braten

So wird es gemacht:

☺ Zucker, Salz und Chili zum Ei geben und gut verrühren ➟ Maismehl dazugeben und zu einen weichen Teig verrühren. Falls der Teig sehr fest ist, etwas Wasser dazugeben ➟ Sardellen in den Teig geben und gut vermengen.
☺ Öl in einer Pfanne erhitzen ➟ Sardellen knusprig braten ➟ aus der Pfanne nehmen, abtropfen lassen und servieren.

☆☆☆☆☆☆☆☆☆☆

Gebratenes Fleisch

Zutaten:

500 g Fleisch (in Stück), waschen und abtropfen lassen
1 Zwiebel, halbieren
2 bis 3 Knoblauchzehen, halbieren
Salz
Öl, zum Braten

So wird es gemacht:

☺ Fleisch, Zwiebel, Knoblauch und Salz in einen Topf geben ➟ mit Wasser bedecken und gar kochen ➟ Fleisch aus die Brühe nehmen, abtropfen lassen und über Nacht stehen lassen, damit das Fleisch trocken wird.

☺ Fleisch in dünne Streifen schneiden, dann die Streifen zerkleinern ➟ Öl in einer Pfanne erhitzen und die Streifen knusprig braten.

☆☆☆☆☆☆☆☆☆☆

Teigtaschen mit Fleisch oder Fisch

Zutaten:

2 bis 2½ Tassen Mehl, sieben
125 g Butter
150 ml kaltes Wasser
1 Teelöffel Salz
1 Esslöffel Zucker

Zutaten für die Füllung:

250 g Hackfleisch oder Thunfischfilets, in sehr kleine Würfel schneiden, waschen und abtropfen lassen. Ersatzweise 2 Dosen Thunfisch, Dosen aufmachen, in ein Sieb geben und abtropfen lassen
1 Zwiebel, fein hacken
1 Knoblauchzehe, mit etwas Salz zerdrücken
2 Teelöffel Fischsoße
1 Teelöffel Sojasoße
1/2 Tasse Wasser
ca. 1 Tasse gekochte Erbsen, oder Mungbohnen
1 Esslöffel Maismehl (Mehlstärke)
Prise Zucker
Öl
Eigelb und zerlassene Butter, zum Bestreichen der Teigtaschen

So wird es gemacht:

☺ Backofen auf 200°C vorheizen.

☺ Füllung vorbereiten:

Etwas Öl in einer Pfanne erhitzen ➟ Zwiebeln dazugeben und glasig dünsten ➟ Knoblauch dazugeben und kurz dünsten ➟ Fischstücke dazugeben, gut vermengen und anbraten ➟ Prise Zucker, Soja- und Fischsoße zum Wasser geben und verrühren, dann über die Fischmischung geben ➟ einige Minuten köcheln lassen, dann mit Maismehl andicken ➟ Erbsen untermengen ➟ Füllung aus der Pfanne nehmen und beiseite stellen.

☺ Teig vorbereiten:

Butter, Salz und Zucker zum Mehl geben und gut vermengen ➟ Wasser nach und nach dazugeben und gut verkneten ➟ Teig zu einer Rolle drehen und die Teigrolle in Stücke schneiden ➟ Teigstücke zu flachen Fladen ausrollen.

☺ In der Mitte jeder Teigflade ca. 2 Esslöffel Füllung geben, dann die eine Hälfte über die andere Hälfte schlagen, dadurch ergibt sich ein Halbmond ➟ die Ränder mit den Findern zusammenpressen, dann den Rand etwas hochheben und mit den Fingern rundherum nach innen pressen (Damit die Teigtaschen beim Backen nicht aufgehen).

☺ Einen Backform mit Butter bestreichen ➟ Eigelb und zerlassene Butter gut vermengen ➟ Teigtaschen auf ein Backblech legen und mit Eimischung bestreichen ➟ im vorgeheitzten Backofen schieben und ca. 15 bis 20 Minuten backen.

<u>Vermerk:</u>

Man kann auch die Teigtaschen in kleine Halbmonde bearbeiten und in einer Pfanne braten.

☆☆☆☆☆☆☆☆☆☆

Teigtaschen mit Krabben

Zutaten:

3/4 Tasse Mehl, sieben
1/4 Tasse Tapiokamehl oder Maismehl
Salz
etwas Öl
Wasser (ca. 1/2 Tasse)
250 g Krabben, schälen und grob zerkleinern
1/2 Tasse zerkleinerte Gemüse (Sorte nach Belieben, z.B. frische Pilze)
2 Lauchzwiebeln, fein hacken
1 Esslöffel gehackte Koriander
2 Knoblauchzehen, mit etwas Salz zerdrücken
1 Eiweiß
1 Esslöffel Austersoße
Salz
Pfeffer

So wird es gemacht:

☺ Mehl, Salz, 1 Esslöffel und Öl in eine Schale geben ➡ Wasser darüber gießen und zu einem Teig verkneten ➡ mit einem feuchten Tuch bedecken und beiseite stellen.

☺ Alle anderen Zutaten (außer Eiweiß) in eine Schale geben, gut vermengen und beiseite stellen.

☺ Teig zu einer runden Fladen flach rollen, dann mit einem kleinen Glas runde Fladen ausstechen.

☺ Etwas Füllung auf eine Hälfte jeder Teigflade geben, der Rand mit Eiweiß bestreichen, dann die andere Hälfte überschlagen und die Ränder zusammen pressen ➡ die gefüllten Taschen ca. 10 Minuten dämpfen oder braten.

☆☆☆☆☆☆☆☆☆☆

Kalamarisringe

Zutaten:

4 Kalamaris (oder mehr), Köpfe ausschneiden, in Ringe schneiden, waschen, abtropfen lassen und in eine Schale geben
Zitronensaft
Maismehl
ca. 1 Esslöffel Fischsoße, oder nur Salz und Pfeffer
Öl, zum Braten

So wird es gemacht:

☺ Zitronensaft und Fischsoße (oder nur Salz und Pfeffer) über die Kalamrisringe geben und gut vermengen ➟ Schale zudecken und ca. 30 Minuten ziehen lassen.
☺ Öl in einer Pfanne erhitzen ➟ Kalamarisringe in Mehl wälzen und goldbraun braten ➟ heiß mit Soßen servieren.

☆☆☆☆☆☆☆☆☆☆

Gebratene Krabben

Zutaten:

250 g Krabbenfleisch
Auster- und Fischsoße
Öl, zum Braten

So wird es gemacht:

☺ Krabbenfleisch in eine Schale geben ➟ Auster- und Fischsoße darüber geben, gut vermengen und ca. 30 Minuten ziehen lassen.
☺ Öl in einer Pfanne erhitzen ➟ Krabbenfleisch aus der Marinade nehmen, abtropfen lassen und braten ➟ Marinade dazugeben, kurz zum Kochen bringen und heiß servieren.

☆☆☆☆☆☆☆☆☆☆

Variante 2

Zutaten:

250 g Krabbenfleisch, ca. 50 g Krabbenfleisch zerkleinern und beiseite stellen
1 Lauchzwiebel, fein hacken
1 kleine Schalotte, fein hacken
1Teelöffel Fischsoße
1 Ei, aufschlagen, in eine Schale geben und verrühren
1/2 Tasse Mehl
Salz, Pfeffer und Prise Chilipulver
Öl, zum Braten

So wird es gemacht:

☺ ca. 1/2 Tasse Wasser in eine Schale geben ➟ Ei, Salz, Pfeffer, eine Prise Chilipulver und Fischsoße dazugeben und gut verrühren.
☺ 200 g Krabbenfleisch in einen Elektromixer geben und pürieren.
☺ Mehl zum Gewürzwasser geben und gut vermengen ➟ Krabbenpürree dazugeben und gut vermengen, dann die restlichen Zutaten dazugeben und umrühren. Die Masse muss dickflüssig sein (wie Pudding), falls die Masse sehr dickflüssig ist, mit etwas Wasser verdünnen.
☺ Öl in einer Pfanne erhitzen ➟ Krabbenteig löffelweise in das heiße Öl geben und goldbraun braten ➟ aus der Pfanne nehmen, abtropfen lassen, heiß mit Soßen servieren.

☆☆☆☆☆☆☆☆☆☆

Philippinische Salatteller

Zutaten:

2 bis 3 Tomaten, in Ringe schneiden
ein kleine Gurke, schälen, halbieren und in Streifen schneiden
einige Radieschen, halbieren
1 kleine Aubergine
einige Lauchzwiebeln, halbieren und in Streifen schneiden
einige Scheiben Mangos
einige Salatblätter, zerkleinern
Zitrone oder Limette, viertellen
1/2 Knoblauchzehe
einige Löffel Essig
1/2 Chilischote, fein hacken
Fischsoße, in einen oder mehreren kleinen Schalen geben
Fischpaste (Baggong Isda), in einen oder mehreren kleine Schalen geben
Krabbenpaste (Baggong Alamang), in eine oder mehrere kleine Schalen geben
Salz und Pfeffer

So wird es gemacht:

☺ Backofen auf 200°C vorheizen ➟ Aubergine in Alufolie gut umhüllen und im Backofen ca. 15 Minuten garen ➟ Aubergine aus der Folie nehmen, Schale abschaben und Auberginenfruchtfleisch zerkleinern ➟ einen Servierteller mit Salatblätter bedecken ➟ alle Salatzutaten darauf verteilen (außer Soße und Paste) auf dem Tisch stellen.

☺ Zerdrückten Knoblauch mit Essig und Chili gut vermengen und in eine kleine Schale geben ➟ alle Soßen- und Pasteschalen sowie Salz und Pfeffer rund um den Salatteller stellen.

☆☆☆☆☆☆☆☆☆☆

Mangosalat

Zutaten:

einige eingelegte Magosstücke (10 bis 12 Stücke, je nach größe)
2 Tomaten, halbieren und in Streifen schneiden
3 Schalotten, in feine Streifen schneiden
Prise Salz

So wird es gemacht:

☺ Alle Zutaten in eine Schale geben und gut vermengen ➟ mit Salz abschmecken und servieren.

☆☆☆☆☆☆☆☆☆☆

Brotfruchtsalat

Zutaten:

2 bis 2½ Tassen zerkleinerte Brotfrucht (Jackfruit)
1 Tomate, hacken
1 milde Peperoni, Stielansatz entfernen, der Länge nach halbieren, Samen entfernen und in feine Streifen schneiden
1 kleine Zwiebel, fein hacken
ca. 1 Tasse Kokosnussmilch (siehe Seite 6)
Salz und Pfeffer

So wird es gemacht:

☺ zerkleinerte Brotfrucht in einen Topf geben ➟ mit Wasser bedecken ➟ salzen und gar kochen ➟ durch ein Sieb geben und abtropfen lassen.
☺ Alle Zutaten in eine Schale geben, gut vermengen und abschmecken ➟ abkühlen lassen und kalt servieren.

☆☆☆☆☆☆☆☆☆☆

Suppen

Gemüsesuppe

Zutaten:

500 g Fleisch, würfeln, waschen, abtropfen lassen, in einen Topf geben, ca. 5 Tassen Wasser dazugeben, salzen, pfeffern und gar kochen, Brühe durch ein Sieb geben und auffangen
2 Karotten, schaben, der Länge nach halbieren und in feine Streifen schneiden
2 lange milde Peperoni, Stielansätze entfernen, der Länge nach halbieren, Samen entfernen und feinhacken
1 Tasse zerkleinerten Kohl oder Chinakohl
2 Esslöffel Austersoße
Pfeffer
Fischsoße, zum Abschmecken

So wird es gemacht:

☺ Die gekochten Fleischwürfel in kleine Streifen schneiden.

☺ Fleischbrühe in einem Topf zum Kochen bringen, Austersoße dazugeben ➟ Karotten in die Brühe geben und einige Minuten brodeln lassen ➟ Peperoni dazugeben und kurz kochen lassen, dann den zerkleinerten Kohl und Fleisch in die Brühe geben, kochen lassen bis das Gemüse weich aber noch fest ist ➟ mit Fischsoße und Pfeffer abschmecken und heiß servieren.

****

Krabben-Zitronengrassuppe

Zutaten:

250 g Krabben, schälen (die Schalen aufbewahren)
4 bis 5 Tassen Wasser
1 Zitronengras, fein hacken
Eine kleine Stück Tamarinde
2 Zwiebel, hacken
2 Lauchzwiebeln, hacken
3 bis 4 Tomaten, hacken
1 Esslöffel Fischsoße
Salz
Scharfer Chilipulver
etwas Öl

So wird es gemacht:

☺ Wasser in einem Topf zum Kochen bringen ➟ Krabbenschalen und Tamarinde dazugeben und ca. 10 Minuten brodeln lassen, bis die Tamarinde weich ist ➟ Brühe durch ein Sieb geben und in einem anderen Topf auffangen ➟ die im Sieb befindliche Tamarinde mit einem Löffel pressen und die gepresste Tamarindeflüssigkeit mit der Brühe vermengen.

☺ Öl in einer Pfanne erhitzen ➟ Zwiebeln dazugeben und glasig dünsten ➟ Lauchzwiebeln dazugeben und kurz dünsten, dann Tomaten untermengen und dünsten, bis viel Flüssigkeit verdampft ist ➟ mit Chilipulver und Salz abschmecken.

☺ Brühe langsam zum Kochen bringen, Krabben, Tomaten-Zwiebelmischung, Zitronengras und Fischsoße dazugeben und kochen lassen, bis die Zwiebeln weich sind ➟ mit Fischsoße und Salz abschmecken und heiß servieren.

****

Glasnudelsuppe

Zutaten:

1 Knochen, waschen, in einen Topf geben, 4 bis 5 Tassen Wasser darüber geben, 10 bis 15 Minuten kochen lassen, durch ein Sieb geben und die Brühe auffangen
1 Päckschen feine Glasnudeln (Vermicelli) (100 g), ca. 30 Minuten in Wasser einweichen, in ein Sieb geben, abtropfen lassen und beiseite stellen
150 bis 250 g Fleisch (Sorte nach Belieben), in dünne Streifen schneiden, dann die Streifen in feine Stücke schneiden, waschen und abtropfen lassen
1 Zwiebel, hacken
2 Lauchzwiebeln, hacken
2 bis 3 Knoblauchzehen, mit etwas Salz in einen Mörser geben und zerdrücken
1/2 Teelöffel Fünfgewürze
Fischsoße
Pfeffer
Eventuell Achuetepulver (oder ein andere Sorte Lebensmittelfarbe), zum ferben die Suppe
Öl

So wird es gemacht:

☺ Öl in einem Topf erhitzen ➟ Zwiebeln dazugeben und glasig dünsten ➟ Knoblauchpaste untermengen und kurz dünsten ➟ Fleischstücke dazugeben und braten, bis viel Flüssigkeit verdampft ist und die Fleischstücke Farbe annemen ➟ Brühe darüber gießen und zum Kochen bringen ➟ mit Fünfgewürze, Fischsoße und Pfeffer abschmecken ➟ kochen lassen, bis die Fleischstücke gar sind ➟ Glasnudeln dazugeben, umrühren und 2 bis 3 Minuten weiter kochen ➟ Evtl. Achuetepulver dazugeben ➟ umrühren ➟ in eine Suppenschüssel geben, mit gehackten Lauchzwiebeln garnieren und heiß servieren.

****

Fleisch Sinigang

Sinigang: Pfilippinische Suppen die etwas säuerlich schmecken.

Zutaten:

500 g Fleisch, würfeln, waschen und abtropfen lassen
4 Tassen Wasser
3 bis 4 Tamarindestücke
2 Tassen zerkleinertes Blattgemüse (z.B. Spinat, Mangold.....)
2 lange milde Peperoni, Stielansätze entfernen, der Länge nach halbieren, Samen entfernen und hacken
2 Taroknollen (Ersatzweise Kartoffeln), schälen, waschen und vierteln
1/2 Tasse grüne Bohnen, zerkleinern
2 Tomaten, hacken
1 Zwiebel, hacken
Fischsoße
Chilipulver

Vermerk:
Man kann auch andere Gemüsesorten verwenden (z.B. Okra, Auberginen, Rüben.....).

So wird es gemacht:

☺ Tamarinde und etwas Wasser in einen Topf geben und zum Kochen bringen, dann ca. 10 Minuten köcheln lassen, bis die Tamarinden weich sind ➟ Tamarindewasser durch ein Sieb geben und die Flüssigkeit auffangen ➟ die im Sieb befindlichen Tamarinden mit einen Löffel durch das Sieb pressen und die ausgepressten Tamarindenflüssikeit mit dem Wasser vermengen und beiseite stellen.

☺ Wasser und Fleisch in einen Topf geben und zum Kochen bringen ➟ Tamarindeflüssigkeit, Zwiebeln, Tomaten, Fischsoße und Chilipulver dazugeben und gar kochen ➟ Taro oder Kartoffeln und Bohnen dazugeben, kochen lassen, bis die Tarostücke halb gar sind, dann die zerkleinerte Peperoni und das Blattgemüse in die Suppe geben, kochen lassen, bis alle Zutaten gar sind ➟ mit Fischsoße und Chilipulver abschmecken und heiß servieren.

****

Krabben Sinigang

Zutaten:

250 g Krabbenfleisch
1/2 Tasse zerkleinerte reife Guava
Einige zerkleinerte Ananasstücke
ca. 3 Tassen Wasser
1 Zwiebel, hacken
1 Tomate, hacken
1 Tasse gehackte Blattgemüse (Sorte nach Belieben)
3 Lange milde Peperoni, Stielansätze entfernen, der Länge nach halbieren, Samen entfernen und fein hacken
Fischsoße
Pfeffer

Vermerk:
Man kann auch für die Suppe Gemüse verwenden, z.B. Rüben, Jam, Blumenkohl..... .

So wird es gemacht:

☺ 1 Tasse Wasser in einem Topf zum Kochen bringen ➟ Guava und Ananas dazugeben und weich kochen ➟ Guava und Ananas mit einer Gabel zerdrücken ➟ das restliche Wasser darüber gießen, dann Tomaten und Zwiebeln dazugeben und einigen Minuten brodeln lassen ➟ Krabben, Peperoni und Blattgemüse dazugeben ➟ mit Fischsoße und Pfeffer abschmecken ➟ 3 bis 4 Minuten kochen lassen und heiß servieren.

****

Fisch Sinigang Variante 1

Zutaten:

500 g Fischfilets, in Stücke schneiden, waschen und abtropfen lassen
4 bis 5 Tamarindestücke
3 Tassen Wasser
1 Tomate, hacken
1 Zwiebel, hacken
3 lange milde Peperoni, Stielansätze entfernen, der Länge nach halbieren, Samen entfernen und fein hacken
1/2 Tasse gehacktes Blattgemüse (Sorte nach Belieben)
1 Tasse zerkleinerte Gemüse (Sorte nach Belieben, z.B. Okra, Taro, Auberginen .....)
Fischsoße

So wird es gemacht:

☺ 1 Tasse Wasser in einem Topf zum Kochen bringen ➟ Tamarinden dazugeben und ca. 10 Minuten kochen lassen, bis die Tamarinden weich sind ➟ Tamarindeflüssigkeit durch ein Sieb geben und in einen großen Topf auffangen ➟ die im Sieb befindlichen Tamarinden mit einem Löffel auspressen und die ausgepressten Flüssigkeit zum Tamarindewasser geben ➟ das restliche Wasser darüber gießen und gut verrühren ➟ zum Kochen bringen, dann Tomaten und Zwiebeln dazugeben und weich kochen ➟ Fischstücke, Gemüse und Blattgemüse dazugeben, mit Fischsoße abschmecken und köcheln lassen, bis alles im Topf gar sind ➟ heiß servieren.

****

Variante 2

Zutaten:

500 g Süßwasserfisch (oder 2 Fische), säubern, waschen und abtrocknen
3 Tomaten (ca. 150 g), in Streifen schneiden
1 Zwiebel, in Streifen schneiden
2 bis 2½ Tassen Wasser
3 bis 4 cm Ingwerwurzel, fein hacken oder zerdrücken
1 bis 2 Knoblauchzehen, mit etwas Salz zerdrücken
ca. 4 Esslöffel Zitronen- oder limetensaft
Fischsoße
Öl, zum Braten

So wird es gemacht:

☺ Öl in einen tiefen Pfanne erhitzen ➟ Fisch dazugeben und goldbraun braten ➟ aus der Pfanne nehmen, abtropfen lassen und warm halten.

☺ Das überschüssige Öl aus der Pfanne entfernen ➟ Zwiebeln dazugeben und glasig dünsten ➟ Knoblauchpaste und Ingwerwurzel dazugeben und kurz dünsten ➟ Tomaten untermengen und einige Minuten dünsten ➟ Wasser darüber geben, gut verrühren, mit Fischsoße abschmecken und zum Kochen bringen ➟ 5 bis 6 Minuten brödeln lassen, dann das Fisch dazugeben ➟ ca. 5 Minuten brödeln lassen, dann mit Zitronen- oder Limettensaft abschmecken und heiß servieren.

****

Fischbällchen Suppe

Zutaten:

500 g Fischfilets (Süßwasserfisch), in Stücke schneiden, waschen und abtropfen lassen
einige Fischköpfe, zur Herstellung der Brühe
3 Tassen Wasser
1 Ei, aufschlagen, in eine Schale geben und verrühren

ca. 1/4 Tasse Mehl
1 kleine Zwiebel, hacken
1 Esslöffel gehackte Korianderblätter
1 Knoblauchzehe, hacken
Salz und pfeffer
Öl

So wird es gemacht:

☺ Wasser und Fischköpfe in einen Topf geben ➟ salzen, pfeffern und ca. 10 Minuten brodeln lassen ➟ Brühe durch ein Sieb geben und in einem großen Topf auffangen.
☺ Fischstücke, etwas Zwiebeln, die Hälfte des gehackten Korianders, Salz und Pfeffer in einen Elektromixer geben und kurz pürieren ➟ Ei und Mehl dazugeben und gut verkneten, dann den Fischteig zu kleinen Kugeln formen.
☺ Etwas Öl in einer Pfanne erhitzen ➟ Zwiebeln dazugeben und glasig dünsten ➟ Koriander und Knoblauch untermengen und kurz dünsten ➟ Pfanne vom Herd nehmen und beiseite stellen.
☺ Brühe zum Kochen bringen ➟ Zwiebelmischung dazugeben und gut verrühren ➟ Fischbällchen nach und nach in die Suppe geben. Wenn die Fischbällchen vom Topfboden an die Oberfläche hochschwimmen, sind sie gar ➟ heiß servieren.

****

Reissuppe

Zutaten:

1/4 Tasse Bruchreis oder klebriger Reis, waschen und abtropfen lassen
3 Tassen Wasser
250 g Hähnchenfleisch, in kleine Würfel schneiden, waschen und abtropfen lassen
1 Hähnchenkeule, waschen und abtropfen lassen
1 Knoblauchzehe, fein hacken
3 cm Ingwerwurzel, fein hacken
1 Zwiebel, hacken

Kurkuma, zum Färben der Suppe
Fischsoße oder Salz
Öl, zum Braten
3 bis 4 Lauchzwiebeln, hacken

So wird es gemacht:

☺ Wasser, Hähnchenkeule und etwas Fischsoße in einen Topf geben und zum Kochen bringen ➟ brodeln lassen, bis die Hähnchenkeule gar ist ➟ Brühe durch ein Sieb geben und in einem Topf auffangen.
☺ Die gekochte Hähnchenkeule zerlegen, das Fleisch zerkleinern und beiseite stellen.
☺ Etwas Öl in einer Pfanne erhitzen ➟ Zwiebeln dazugeben und glasig dünsten ➟ Knoblauch und Ingwewuzel dazugeben und kurz dünsten ➟ Fleischstücke dazugeben, gut vermengen und mit Fischsoße abschmecken ➟ Pfanne zudecken und einige Minuten garen, dann das gekochte Fleisch untermengen und beiseite stellen.
☺ Brühe langsam zum Kochen bringen ➟ Reis und Kurkuma dazugeben und umrühren, damit der Reis beim Aufkochen nicht am Topfboden festklebt ➟ einige Minuten brodeln lassen, bis der Reis fast gar ist ➟ Pfanneninhalt dazugeben und gut verrühren, mit Fischsoße abschmecken, köcheln lassen, bis die Fleischstücke weich sind ➟ in eine Servierschüssel geben, mit Lauchzwiebeln garnieren und heiß servieren.

****

Hähnchensuppe mit Tamarinde

Zutaten:

500 g Hähnchenfleisch, in kleine Würfel schneiden, waschen und abtropfen lassen
1 große Tomate, in Streifen schneiden
1 Zwiebel, in Streifen schneiden
Handvoll grüne Bohnen, halbieren
2 bis 3 lange milde Peperoni
1 Stück Tamarinde, mit dem Fingern zerdrücken

oder zerkleinern, in eine Tasse Wasser für ca. 30 Minuten legen, dann die Tamarinde in dem Wasser mit dem Fingern zerdrücken, Flüssigkeit durch ein Sieb geben und die Flüssigkeit auffangen, die Tamarinde die sich im Sieb befinden durch das Sieb pressen und mit der Flüssigkeit vermengen und beiseite stellen (man kann auch fertige Tamarindemischung (Pang Sinigang) verwenden)
1 Knoblauchzehe, mit etwas Salz zerdrücken
Stück Ingwerwurzel (größe nach Geschmack), fein hacken
2 bis 2½ Tassen Wasser
Salz oder Fischsoße
Öl

So wird es gemacht:

☺ Etwas Öl in einer tiefen Pfanne erhitzen ➡ Zwiebeln dazugeben und glasig dünsten ➡ Knoblauch und Ingwerwurzel untermengen und kurz dünsten ➡ Tomaten dazugeben, gut vermengen und dünsten, bis viel Flüssigkeit verdampft ist ➡ Hähnchenfleisch untermengen und gar dünsten, mit Salz oder Fischsoße abschmecken ➡ Wasser und Tamarindeflüssikeit dazugeben und gut verrühren ➡ zum Kochen bringen ➡ Bohnen und Peperoni dazugeben ➡ kochen lassen, bis das Gemüse gar ist ➡ heiß servieren.

****

Hähnchensuppe mit Papaya

Zutaten:

500 g Hähnchenfleisch, in Würfel schneiden, waschen und abtropfen lassen
1 bis 2 Knoblauchzehen, mit Salz zerdrücken
ca. 2 cm Ingwerwurzel, in feine Streifen schneiden
1 große Zwibel, hacken
1 Tasse zerkleinerte Papaya
3 Tassen Wasser
1/4 Tasse Chiliblätter oder ein anderes Blattgemüse, zerkleinern, waschen und abtropfen lassen
Öl

So wird es gemacht:

☺ Etwas Öl in einem Topf erhitzen ➟ Zwiebeln, Knoblauch und Ingwerwurzel dazugeben und dünsten ➟ Hähnchenfleisch untermengen und braten ➟ Wasser darübergeben, mit Fischsoße abschmecken und halbgar kochen ➟ Papayastücke und Blattgemüse dazugeben, kochen lassen bis das Gemüse gar ist. Falls man Chiliblätter verwendet (wir haben diese Sorte nicht auf dem Markt gefunden), kurz vordem servieren in die Suppe geben, mit Fischsoße abschmecken und heiß servieren.

****

Hähnchensuppe mit Kokosnuss

Zutaten:

500 g Hähnchenfleisch, in Würfel oder Streifen schneiden, waschen und abtropfen lassen
1/2 Tasse frisch geriebenes Kokosnussfleisch (Kokosnusswasser aufbewahren)
1 bis 2 Knoblauchzehen, mit etwas Salz zerdrücken
Stück Ingwerwurzel (1 bis 2 cm), fein hacken
1 Zwiebel, hacken
1 Zitronengras, in 4 bis 5 Stücke schneiden
2 Lauchzwiebeln, hacken
1/2 Tasse Blattspinat, grob hacken, waschen und abtropfen lassen
Fischsoße
Pfeffer
3 Tassen Wasser
Öl

So wird es gemacht:

☺ Öl in einen Topf erhitzen ➟ Zwiebeln dazugeben und glasig dünsten ➟ Knoblauchpaste und Ingwerwurzel untermengen und kurz dünsten ➟ Zitronengras untermengen und kurz dünsten ➟ Fleischstücke dazugeben und braten, mit Fischsoße und Pfeffer abschmecken ➟ kochen lassen, bis die Fleischstücke gar sind ➟ Kokosnussraspeln und Kokosnusswasser dazugeben und zum Kochen bringen, wenn die Flüssigkeit anfängt zukochen, Blattgemüse dazugeben, kurz umrühren und heiß servieren.

****

Fleischsuppe

Zutaten:

250 g Fleisch, in kleine Würfel schneiden, waschen und abtropfen lassen
5 bis 6 mittelgroße Tomaten, hacken
2 bis 3 Knoblauchzehen, mit etwas Salz zerdrücken
1 große Zwiebel, hacken
Einige Kartoffeln und/oder Taro, schälen, würfeln, waschen und abtropfen lassen (man kann auch andere Gemüsesorte verwenden)
Salz oder Fischsoße
3 bis 3½ Tassen Wasser
Öl

So wird es gemacht:

☺ Etwas Öl in einem Topf erhitzen ➟ Zwiebeln dazugeben und glasig dünsten, Knoblauchpaste untermengen und kurz dünsten ➟ Tomaten dazugeben und dünsten, bis viel Flüssigkeit verdampft ist ➟ Fleischstücke dazugeben, gut vermengen und einige Minuten braten ➟ Wasser darüber geben, mit Salz oder Fischsoße abschmecken und gar kochen ➟ Taro oder Kartoffel dazugeben, kochen lassen, bis das Gemüse gar ist ➟ heiß servieren.

****

Fleischsuppe mit Ingwer

Zutaten:

250 g Fleisch, in kleine Würfel schneiden, waschen und abtropfen lassen
4 bis 5 Weißkohlblätter, in feine Streifen schneiden, dann zerkleinern, waschen und abtropfen lassen
1 kleine Kartoffel, schälen, in Streifen schneiden, würfeln, waschen und abtropfen lassen
ca. 2 cm Ingwerwurzel, in Streifen schneiden, dann zerkleinern
1 Zwiebel, hacken
Einige Pfefferkörner, grob zerdrücken
Salz oder Fischsoße

So wird es gemacht:

☺ Fleischstücke, Ingwer, Pfeffer und Zwiebel in einen Topf geben, genügend Wasser darüber gießen und gar kochen ➟ mit Salz oder Fischsoße abschmecken ➟ Kohl dazugeben und gar kochen ➟ Topf vom Herd nehmen ➟ abschmecken und heiß servieren.

****

Bohnensuppe

Zutaten:

250 g Rotebohnen, über Nacht in Wasser einweichen, durch ein Sieb geben, waschen und abtropfen lassen
250 g Fleisch, in Würfel schneiden, waschen und abtropfen lassen
3 bis 4 Knoblauchzehen, halbieren
1 kleine Gewürzwurst (Spanische oder Chinesische), zerkleinern
2 Esslöffel brauner Zucker
2 Esslöffel Essig
Salz und Pfeffer
Öl

So wird es gemacht:

☺ Bohnen in einen Topf geben, mit Wasser bedecken und zum Kochen bringen ➟ Knoblauchpaste, Fleisch und Wurst dazugeben und gut vermengen ➟ kochen lassen, bis die Bohnen gar sind. Eventuell Wasser darüber geben.

☺ Wenn die Bohnen fertig gekocht sind, Zucker, Essig und Öl dazugeben, rühren, bis der Zucker sich gelöst hat ➟ vom Herd nehmen ➟ mit Salz und Pfeffer abschmecken und heiß servieren.

****

Nudelsuppe

Zutaten für die Suppe:

250 g Fleisch, in Würfel schneiden, waschen und abtropfen lassen
50 g Leber, in Streifen schneiden, dann die Streifen zerkleinern, waschen und abtropfen lassen
50 g Krabbenfleisch
Einige Zuckererbsen, zerkleinern
2 bis 3 Knoblauchzehen, fein hacken
1 Bund Lauchzwiebeln, hacken
ca. 3 Tassen Wasser
Salz
Etwas Öl

Zutaten für die Nudel:

2 Tassen Mehl
1/4 Tasse Wasser
1 Teelöffel Salz

Man kann auch Bandnudel verwenden, statt selber zu fertigen

So wird es gemacht:

☺ Suppe kochen:

Wasser und Fleisch in einen Topf geben, gar kochen und abschmecken ➟ Fleischstücke aus der Brühe nehmen und warm halten.

❍ Leber in die Brühe geben, gar kochen ➟ aus der Brühe nehmen und warm halten.
❍ Etwas Öl in einer Pfanne erhitzen ➟ Knoblauch dazugeben und kurz dünsten ➟ Zuckererbsen untermengen und kurz dünsten ➟ aus der Pfanne nehmen und warm halten.

☺ Nudel herstellen:

Alle Zutaten für die Nudel gut zu einem Teig verkneten. Eventuell mehr Wasser nehmen als ¼ Tasse.
❍ Teig zu einer dünnen Flade ausrollen ➟ mit einem scharfen Messer in Streifen schneiden, dann die Streifen vierteln.
❍ Reichlich Wasser in einem Topf zum Kochen bringen ➟ salzen ➟ Nudelstreifen dazugeben und gar kochen ➟ Nudel durch ein Sieb geben und abtropfen lassen.
☺ Die gekochten Nudel auf Suppenschalen verteilen ➟ Fleisch, Leber und die restlichen Zutaten über die Nudel geben ➟ Brühe abschmecken und kurz zum Kochen bringen, dann über die Zutaten gießen und heiß servieren.

****

Suppe mit gefülten Reisblättern

(Pancit Molo)

Zutaten:

1 Packung frische Reisblätter (man kann auch die Blätter mit Reismehl selber herstellen)

Zutaten für die Füllung:

100 g Hackfleisch
25 g Krabbenfleisch, hacken
1 Hühnerbrust, hacken
1 kleine Karotte, schaben und fein hacken
1 Esslöffel gehackte weiße Rübe
1 Esslöffel gehackte Sellerie
1 Ei, aufschlagen, in eine Schale geben und verrühren
1 Zwiebel, fein hacken
1 Lauchzwiebl, fein hacken

2 bis 3 Knoblauchzehen, mit etwas Salz zerdrücken
Salz
Pfeffer
Sojasoße
Fischsoße

Zutaten für die Brühe:

1 kleines Hähnchen oder 2 Hähnchenkeulen
50 g Krabbenfleisch
1 Zwiebel, vierteln
1 Knoblauchzehe, hacken
Salz
Gehackte Lauchzwiebeln
Einige Knoblauchzehen, fein hacken und in heißen Öl dünsten

So wird es gemacht:

☺ Alle Zutaten für die Füllung in eine Schale geben und gut vermengen ➟ abschemcken.
☺ Reisblätter halbieren oder vierteln ➟ Füllung auf einer Ecke von jedem Reisblatt geben ➟ die linke und rechte Ecke auf die Füllung aufschlagen und rollen ➟ die fertig gefüllten und gerolten Reisblätter beiseite stellen.
☺ 4 bis 4½ Tassen Wasser und die Zutaten für die Brühe in einen Topf geben, salzen und zum Kochen bringen ➟ kochen lassen, bis das Fleisch gar ist ➟ Fleisch aus dem Topf nehmen ➟ Fleisch vom Knochen lösen und warm halten ➟ die gefüllten Reisblätter in die Brühe geben und einige Minuten brodeln lassen (5 bis 7 Minuten) ➟ abschmecken ➟ Topf vom Herd nehmen ➟ Suppe in eine Servierschale geben, mit gedünstetem Knoblauch und Lauchzwiebeln garnieren und heiß servieren.

****

Gemüsegerichte

Grüne Bohnen mit Sesam

Zutaten:

500 g frische grüne Bohnen, waschen und in dünne Streifen schneiden
100 bis 150 g frische Pilze, vierteln oder halbieren
3 Esslöffel geröstete Sesamkerne
1 Esslöffel salzige Sojasoße
2 Esslöffel Sesamöl (am besten dunkle Sorte)
2 Esslöffel Erdnußöl
Pfeffer

So wird es gemacht:

☺ Reichlich Wasser in einen Topf geben, salzen und zum Kochen bringen ➟ Bohnen dazugen und 3 bis 4 Minuten brodeln lassen, in ein Sieb geben und abtropfen lasse.
☺ Erdnussöl in einer große Pfanne erhitzen ➟ Pilze dazugeben und 3 bis 4 Minuten dünsten ➟ Bohnen untermengen und 1 bis 2 Minuten dünsten ➟ Sesamöl und Sojasoße darüber geben und gut vermengen ➟ abschmecken und 4 bis 5 Minuten dünsten ➟ Pfanne vom Herd nehmen ➟ Gemüse in eine Servierschale geben, mit Sesamkerne bestreuen und heiß servieren.

❀❀❀❀❀❀❀❀❀❀❀

Bikol Express

„ Achtung sehr Scharfes Gericht “

Zutaten:

Achtung !

Bevor Sie die Chilis anfassen, Ziehen Sie bitte Gummihandschuhe an. Damit wird verhindert, daß die ätherischen Öle Ihnen Hautjucken verursachen. Außerdem berühren Sie nicht Ihre Augen

während des Arbeiten mit Chili.
Chili nur mit kaltem Wasser waschen. Heißes Wasser kann manchmal bei getrocknetem Chili Dämpfe entwickeln, die die Augen und Schleimhäute reizen.

100 g lange rote scharfe Chilischoten (Peperoni), Stiele entfernen, der Länge nach halbieren, Samen entfernen, zerkleinern, in Salzwasser ca. 30 Minuten legen, durch ein Sieb geben und abtropfen lassen
(In Philippinen verwendet man für dies Gericht 250 g Chilischoten)
2 Tassen Kokosnussmilch (siehe Seite 6)
1 Zwiebel, hacken
2 Knoblauchzehen, mit etwas Salz zerdrücken
1 bis 2 cm Ingwerwurzel, zerdrücken
100 g Hackfleisch
2 bis 3 Esslöffel Krabbenfleisch, halbieren oder sehr kleine Krabben verwenden
Salz

So wird es gemacht:

☺ Alle Zutaten (außer Chili) in einen Topf geben und zum Kochen bringen, dann bei schwacher Hitze köcheln lassen, bis die Fleischstücke gar sind ➟ Chilistücke dazugeben ➟ gut vermengen ➟ köcheln lassen, bis die Chilis gar sind und die Soße dicker und kremiger wird.

❀❀❀❀❀❀❀❀❀❀

Mungbohnen mit getrockneten Krabben

Zutaten:

1 Tasse Mungbohnen, waschen und abtropfen lassen
1/4 Tasse getrocknete kleine Krabben, in Wasser einweichen, in ein Sieb geben und abtropfen lassen
1 Zwiebel, hacken
1 bis 2 Knoblauchzehen, mit etwas Salz zerdrücken
1/2 Tasse zerkleinerte Bittergurke oder Weißerüben
1/2 Tasse Blattgemüse. Falls möglich zarte Rüben-

blätter
Fischsoße
ca. 2 Tassen Wasser
Öl

So wird es gemacht:

☺ Mungbohnen und ca. 3 Tassen Wasser in einen Topf geben und gar kochen ➟ durch ein Sieb geben und abtropfen lassen.

☺ Etwas Öl in einer große Pfanne erhitzen ➟ Zwiebeln dazugeben und glasig dünsten ➟ Knoblauchpaste untermengen und kurz dünsten ➟ Bittergurke oder Rüben dazugeben und gut vermengen ➟ mit Fischsoße abschmecken ➟ Krabben, Bohnen und ca. 2 Tassen Wasser darüber geben gut vermengen und köcheln lassen, bis die Soße dicker wird ➟ kurz vor dem Servieren, Blattgemüse untermengen, kurz erhitzen und heiß servieren.

❀❀❀❀❀❀❀❀❀❀

Gemüseeintopf

Zutaten:

ca. 500 g verschiedene Gemüsesorten (z.B. Zuckererbsen, Chayot, grüne Bohnen, Blumenkohl, Flaschenkürbis..), zerkleinern, waschen und abtropfen lassen
2 Zwiebeln, hacken
2 bis 3 Knoblauchzehen, mit etwas Salz zerdrücken
5 bis 6 Esslöffel Austersoße
1 Esslöffel Mehstärke (Maismehl) in ca. 1/2 Tasse Wasser lösen
Öl

So wird es gemacht:

☺ In einen Topf oder einer große Pfanne etwas Öl erhitzen ➟ Zwiebeln dazugeben und glasig dünsten ➟ Knoblauch dazugeben und kurz dünsten ➟ Gemüse untermengen und dünsten, bis sie halbgar sind ➟ Austersoße darüber gaben und gut vermengen ➟ gelöste Mehlstärke darüber gireßen ➟

umrühren ➟ köcheln lassen, bis das Gemüse gar und die Soße dicker wird ➟ heiß servieren.

❀❀❀❀❀❀❀❀❀❀❀

Chopsuey

Zutaten:

500 g Gemüse, Sorte nach Belieben (z.B. Zuckererbsen, Karotten, Blumenkohl, Pilze, Selleri), zerkleinern, waschen und abtropfen lassen
250 g verschieden Fleischsorten, in feine kleine Streifen schneiden
1 Zwiebel, hacken
2 Knoblauchzehen, fein hacken oder mit etwas Salz zerdrücken
1 Teelöffel Austersoße
2 Teelöffel Sojasoße
Fischsoße
Salz und Pfeffer
1 Tasse Wasser
Öl

So wird es gemacht:

☺ Fleischstücke in eine Schale geben ➟ Sojasoße, Austersoße und etwas Fischsoße darüber geben ➟ gut vermengen und ca. 30 Minuten ziehen lassen.

☺ Etwas Öl in einer großen Pfanne oder einen Topf erhitzen ➟ Zwiebeln dazugeben und glasig dünsten ➟ Knoblauch untermengen und kurz dünsten ➟ das eingelegte Fleisch dazugeben und gar braten ➟ Gemüse untermengen und einige Minuten braten ➟ Wasser darüber geben, gut vermengen und abschmecken ➟ 4 bis 5 Minuten köcheln lassen ➟ heiß mit Nudel servieren.

❀❀❀❀❀❀❀❀❀❀❀

Pinakbet
Tropische Gemüseeintopf

Zutaten:

1 Tasse klein gewürfelts Fleisch
1 kleine Aubergine, Stielansatz abschneiden, waschen und vierteln
1/2 Tasse kleine Okraschoten, Stielansätze kegelförmig abschneiden, waschen und abtropfen lassen
1 kleiner Flaschenkürbis oder Zucchini, Stielansatz abschneiden, waschen und vierteln
Eine Handvoll grüne Bohnen, oder Zuckererbsen, waschen und in Streifen schneiden
4 bis 5 Tomaten, halbieren und in Streifen schneiden
1 Zwiebel, hacken
1 bis 2 Knoblauchzehen, mit etwas Salz zerdrücken
1 bis 2 cm Ingwerwurzel, fein hacken oder mit etwas Salz zerdrücken
1 Tasse Wasser
Austersoße
Salz und Pfeffer
Öl

Man kann auch Bittergurke oder Bittermelone verwenden.

So wird es gemacht:

☺ Öl in einem Topf oder einer großen Pfanne erhitzen ➟ Fleischstücke dazugeben, mit Salz, Pfeffer und Austersoße abschmecken und knusprig braten ➟ Wasser darüber geben, kochen lassen, bis die Fleischstücke gar sind ➟ aus der Brühe nehmen und beiseite stellen ➟ Brühe aufbewahren.

☺ Etwas Öl in einer großen Pfanne erhitzen ➟ Zwiebeln dazugeben und glasig dünsten ➟ Knoblauch und Ingwer untermengen und kurz dünsten ➟ Tomaten dazugeben, dünsten bis viel Flüssigkeit verdampft ist ➟ Gemüse dazugeben ➟ gut vermengen und einige Minuten dünsten ➟ Fleisch untermengen ➟ mit Salz, Pfeffer und Austersoße abschmecken.

☺ Brühe zum Kochen bringen ➟ Pfanneninhalt in die Brühe geben ➟ köcheln lassen, bis das Gemüse gar und die Soße dicker wird ➟ heiß servieren.

❀❀❀❀❀❀❀❀❀❀

Kohl mit Austersoße

Zutaten:

250 g Kohlblätter (Sorte nach Belieben), oder ein anderes Blattgemüse z.B. Spinat, Mangold ..., zerkleinern, waschen und abtropfen lassen
3 bis 4 Knoblauchzehen, fein hacken oder mit etwas Salz zerdrücken
1 bis 2 Esslöffel Austersoße
Öl

So wird es gemacht:

☺ Etwas Öl in einer großen Pfanne erhitzen ➟ Knoblauch dazugeben und kurz dünsten ➟ Austersoße darüber geben und gut verrühren ➟ Gemüse untermengen und gar braten ➟ heiß mit Reis servieren.

❀❀❀❀❀❀❀❀❀❀

Bittergurke mit Fischpaste

Dinengdeng

Zutaten:

1 Bittergurke (oder Bittermelone), der Länge nach halbieren, Samen entfernen und zerkleinern
1 bis 2 Süßkartoffel, schälen und vierteln
Einige Okraschoten, Stielansätze kegelförmig abschneiden und in Streifen schneiden
Eine Handvoll lange grüne Bohnen, halbieren und in Streifen schneiden
1 Fisch, in Stücke schneiden
2 Esslöffel Fischpaste (Bagoong isda)
ca. 2 Tassen Wasser

So wird es gemacht:

☺ Fischstücke braten oder rösten und beiseite stellen.
☺ Wasser in einen Topf geben ➟ Fischpaste dazugeben, gut verrühren und zum Kochen bringen ➟ Gemüse und Fischstücke dazugeben und gar kochen.

❀❀❀❀❀❀❀❀❀❀

Kokosnuss und Gemüse in Austernsoße

Zutaten:

1 Kokosnuss, nur das weiße Fruchtfleisch reiben
1 bis 1½ Tassen in feine Streifen geschnitte Kohlblätter
3 bis 4 Karotten, schaben, vierteln und in feine Streifen schneiden
1 Zwiebel, hacken
4 bis 5 Knoblauchzehen, mit etwas Salz zerdrücken
Fischsoße
Öl

So wird es gemacht:

☺ Öl in einen Topf oder einer großen Pfanne erhitzen ➟ Zwiebel dazugeben und glasig dünsten ➟ Knoblauch untermengen und kurz dünsten ➟ nach und nach Karotten, Kohl und Kokosnuss dazugeben und rühren ➟ Austernsoße darüber geben und gut vermengen ➟ mit Fischsoße abschmecken. Das Gemüse darf nicht überkocht werden ➟ heiß mit Reis servieren.

❀❀❀❀❀❀❀❀❀❀

Broccoli in Austernsoße

Zutaten:

500 g Broccoli oder/und Blumenkohl, zerlegen, zerkleinern, waschen und abtropfen lassen
250 g Fleisch (Sorte nach Belieben), in Würfel schneiden, waschen und abtropfen lassen
1 bis 2 cm Ingwerwurzel, mit etwas Salz zerdrücken
1 Knoblauchzehe, mit etwas Salz zerdrücken
1 kleine Zwiebel, hacken
1 Esslöffel Austernsoße
1 Esslöffel Sojasoße
1 Teelöffel Maisstärke in ca. 2 Esslöffel Wasser lösen
ca. 1/2 Esslöffel Mehlstärke (Maismehl) in 1/4 Tasse Wasser lösen
Salz und Pfeffer
Öl

So wird es gemacht:

☺ Fleischstücke in eine Schale geben ➡ gelöste Mehlstärke, Salz und Pfeffer darüber geben und gut vermengen.

☺ Öl in einer großen Pfanne erhitzen ➡ Zwiebeln dazugeben und glasig dünsten ➡ Knoblauch und Ingwer untermengen und kurz dünsten ➡ Fleischstücke dazugeben und braten, bis sie Farbe annehmen ➡ Austernsoße und Sojasoße darüber geben und verrühren ➡ Gemüse untermengen ➡ gut vermengen ➡ Wassermischung darüber geben, wehrend des Kochens rühren, bis das Gemüse gar ist. Eventuell etwas Wasser darüber geben ➡ abschmecken und heiß servieren.

❀❀❀❀❀❀❀❀❀❀

Gebratene Bohnenpaste

Zutaten:

4 Stücke (400 g) Bohnenpaste (Tofu), in Würfel schneiden
1 Tasse frische Pilze, waschen und in Scheiben schneiden
1 Bund Lauchzwiebel, vierteln und in Streifen schneiden
2 Esslöffel Austersoße
Pfeffer
Öl

So wird es gemacht:

☺ Öl in einer großen Pfanne erhitzen ➟ Pilze dazugeben und 3 bis 4 Minten braten ß aus der Pfanne nehmen und beiseite stellen.

☺ In der selben Pfanne die Bohnenpaste braten, bis sie Farbe annimmt ➟ Austersoße und Pfeffer darüber geben, gut vermengen und 1 bis 2 Minuten braten ➟ Pilze untermengen ➟ 2 bis 3 Minuten braten ➟ Lauchzwiebeln untermengen, gut vermengen und heiß servieren.

❀❀❀❀❀❀❀❀❀❀❀

Auberginen Auflauf

Zutaten:

1 Aubergine, in 2 bis 3 cm Würfel schneiden, mit Salz bestreuen, in ein Sieb geben und abtropfen lassen (ca. 30 Minuten), damit die bittere Säfte austropfen können, waschen und abtropfen lassen
Eine Handvoll Okraschoten, Stielansätze kegelförmig abschneiden, waschen und abtropfen lassen
1/2 Tasse Spargelbohnen (lange grüne Bohnen), vierteln, in Streifen schneiden, waschen und abtropfen lassen. Man kann auch andere Bohnensorte verwenden
ca. 2 Tassen Blattgemüse (Sorte nach Belieben),

grob hacken, waschen und abtropfen lassen
4 bis 5 Tomaten, hacken
1 große Zwiebel, hacken oder in Streifen schneiden
ca. 50 g Krabbenfleisch
1½ bis 2 Tassen Wasser
Salz und Pfeffer

So wird es gemacht:

☺ Wasser in einen Topf geben und zum Kochen bringen ➟ Zwiebeln und Tomaten dazugeben ➟ salzen und pfeffern ➟ köcheln lassen, bis die Zwiebeln weich sind ➟ das restliche Gemüse dazugeben und gar kochen ➟ Krabben dazugeben ➟ rühren ➟ kurz erhitzen, abschmecken und servieren.

❀❀❀❀❀❀❀❀❀❀

Flaschenkürbis in Teigblätter

Zutaten:

500 g Flaschenkürbis, Stielansätze entfernen, waschen, trocknen, in Streifen schneiden, hacken, in ein Sieb geben und abtropfen lassen. Man kann auch normale Zucchini verwenden, dabei ändert sich der Geschmack.
100 g Hackfleisch
Eine Handvoll Krabbenfleisch
1 große Zwiebel, hacken
2 bis 3 Knoblauchzehen, mit etwas Salz zerdrücken
Teigblätter oder Reisblätter für Frühlingsrollen (Man kann die Teigblätter selber hestellen, oder fertige Teigblätter kaufen)
Salz
Pfeffer
Öl, zum Braten

So wird es gemacht:

☺ Füllung vorbereiten:

Etwas Öl in einer großen Pfanne erhitzen ➟ Zwiebeln dazugeben und glasig dünsten ➟ Knoblauchpaste untermengen und kurz dünsten ➟ Hackfleisch dazugeben und braten, bis die Hackstücke Farbe annehmen ➟ Krabbenfleisch dazugeben und gut vermengen ➟ gehackten Flaschenkürbis untermengen, salzen und pffefern ➟ dünsten, bis die Flüssigkeit verdampft ist ➟ Pfanne vom Herd nehmen und abkühlen lassen.

☺ Füllung auf die Blätterteigstücke verteilen ➟ die linken und rechten Ecken auf die Füllung legen, dann rollen ➟ die gerollten Teigblätter braten ➟ aus der Pfanne nehmen ➟ abtropfen lassen und mit Soßen servieren.

❀❀❀❀❀❀❀❀❀❀❀

Pfannkuchen mit Kokosnussherzen
Lumpiang Ubod

Zutaten für den Pfannkuchen:

1½ Tassen Maismehl, sieben
1/2 Tasse Mehl, sieben
2 Tassen Wasser
2 Eier, aufschlagen, in eine Schale geben und verrühren
Etwas Öl

Zutaten für den Füllung:

500 g Kokosnussherzen (Mark), in feine Streifen schneiden (Kokosnussherzen findet man selten auf dem Markt)
250 g Fleisch mit etwas Fett, hacken
100 bis 150 g Krabbenfleisch, hacken
250 g Zuckererbsen, in dünne Streifen schneiden
1 Bund Lauchzwiebeln, vierteln und in Streifen schneiden
1 Kopfsalat, zerlegen, waschen und abtropfen lassen
1 Zwiebel, hacken
1 bis 2 Knoblauchzehen, mit etwas Salz zerdrücken
1/2 Tasse Wasser
Salz und Pfeffer
Öl

Zutaten für die Soße:

1 Tasse Wasser oder Brühe
1/4 Tasse braunen Zucker
2 Knoblauchzehen, mit etwas Salz zerdrücken
1 Teelöffel Sojasoße
Salz

oder

1 Stück Panocha (Dunkel brauner Zucker, wird zu Sirup verarbeitet und in den Kokosnusshälften aufbewahrt und verkauft)
1 Tasse Wasser
3 Esslöffel Sojasoße
Prise Salz

So wird es gemacht:

☺ Pfannkuchen herstellen:

Beide Mehlsorten, Wasser, Eier und ca. 1 Esslöffel Öl in eine Schale geben und gut verrühren ➟ eine Teflonpfanne leicht erhitzen ➟ etwas weichen Teig (ca. ¼ Tasse oder je nach Größe die zuverwendenden Blätter) in die Pfanne geben ➟ Pfanne bewegen, damit das Blatt dünn wird ➟ wenn das Teigblatt sich vom Boden der Pfanne löst (durch bewegen), ist das Teigblatt fertig ➟ aus der Pfanne nehmen und beiseite stellen.

☺ Füllung vorbereite:

Etwas Öl in einem Topf oder einer großen Pfanne erhitzen ➟ Zwiebeln dazugeben und glasig dünsten ➟ Knoblauchpaste untermengen und kurz dünsten ➟ Fleischstücke dazugeben und Knusprig braten ➟ Krabbenfleisch untermengen und kurz braten ➟ Wasser darüber geben ➟ Topf oder Pfanne zudecken, köcheln lassen, bis die Fleischstücke weich sind ➟ Gemüse untermengen und 5 bis 6 Minuten gar kochen ➟ salzen und pfeffern ➟ Füllung durch ein Sieb geben und abtropfen lassen. Die Kochflüssigkeit auffangen und für die Soße verwenden.

☺ Soße herstellen:

Wasser (oder Kochflüssigkeit), Zucker, Sojasoße und etwas Salz in einen Topf geben und verrühren, bis der Zucker gelöst ist ➟ zum Kochen bringen, dann bei schwacher Hitze köcheln lassen, bis die Soße dicker wird ➟ Knoblauch dazugeben und gut verrühren ➟ in eine Schale geben.

Oder

Panocha, Wasser und Sojasoße in einen Topf geben ➟ langsam zum Kochen bringen, dabei rühren, bis der Zucker gelöst ist ➟ köcheln lassen, bis die Soße dicker wird.

☺ Pfannkuchen füllen und Servieren:

Ein Blattsalat auf einen Teller legen ➟ ein Pfannkuchen darauf geben ➟ einige Lauchzwiebeln in die Mitte legen, dann Füllung darauf verbreiten ➟ eine Ecke auf die Füllung schlagen ➟ linke und rechte Seite auf die Füllung legen ➟ mit dem Salatblatt umhüllen und servieren. Soße wird extra servieret.

❀❀❀❀❀❀❀❀❀❀❀

Pfannkuchen mit Gemüse

Zutaten für den Pfannkuchen:

1½ Tassen Maismehl, sieben
1/2 Tasse Mehl, sieben
2 Tassen Wasser
2 Eier, aufschlagen, in eine Schale geben und verrühren
Etwas Öl

Zutaten für den Füllung:

1 Stück Bohnenpaste (Tofu), in feine Streifen schneiden, in etwas Öl braten und beiseite stellen
250 g Fleisch, in kleine Würfel schneiden, waschen und abtropfen lassen
Eine Handvoll Krabbenfleisch, zerkleinern
1 bis 1½ kg Gemüse:
- Blumenkohl, zerlegen, zerkleinern, waschen und abtropfen lassen

1 bis 2 Karotten, schaben, waschen und fein hacken
Zuckererbsen, waschen und in feine Streifen schneiden
Grüne Bohnen, waschen und in feine Streifen schneiden
Kartoffel, schälen, waschen und klein würfeln
Bohnensproßen, waschen. Eventuell zerkleinern
Weiße Rüben, schälen, waschen und in kleine würfel schneiden

1/4 Tasse Kichererbsen, über Nacht in kaltem Wasser einweichen, in ein Sieb geben, abtropfen lassen, in einen Topf geben, mit Wasser bedecken, gar kochen, in ein Sieb geben, abtropfen lassen und beiseite stellen. Eventuell die Kochflüssigkeit zur Herstellung der Soße verwenden
3 bis 4 Knoblauchzehen, mit etwas Salz zerdrücken
1 Zwiebel, hacken
Sojasoße
Kopfsalat, zerlegen, waschen und abtropfen lassen
1 Bund Lauchzwiebeln, vierteln und in Streifen schneiden
1/2 Tasse Wasser
Salz oder Fischsoße
Pfeffer
Prise Zucker
Öl

In einigen philippinischen Gebieten verwendet man für dieses Rezept Erdnüsse die man mit etwas braunem Zucker vermengt und zerdrückt. Die zerdrückten Erdnüssen werden vor dem servieren auf die Füllung gestreut.

Zutaten für die Soße:

1 Tasse Wasser oder Brühe
1/4 Tasse braunen Zucker
2 Knoblauchzehen, mit etwas Salz zerdrücken
1 Teelöffel Sojasoße
Salz

oder

1 Stück Panocha (Dunkel brauner Zucker, wird zu Sirup verarbeitet und in Kokosnusshälften gegossen und aufbewahrt und verkauft)
1 Tasse Wasser
3 Esslöffel Sojasoße
Prise Salz

So wird es gemacht:

☺ Pfannkuchen herstellen:

Beide Mehlsorten, Wasser, Eier und ca. 1 Esslöffel Öl in eine Schale geben und gut verrühren ➟ eine Teflonpfanne leicht erhitzen ➟ etwas weichen Teig (ca. ¼ Tasse oder je nach große die zuverwendente Blätter) in die Pfanne geben ➟ Pfanne bewegen, damit das Blatt dünn wird ➟ wenn das Teigblatt sichvom Boden der Pfanne löst (durch bewegen), ist das Teigblatt fertig ➟ aus der Pfanne nehmen und beiseite stellen.

☺ Füllung vorbereiten:

Etwas Öl in einer großen Pfanne oder einem Topf erhitzen ➟ Zwiebel dazugeben und glasig dünsten ➟ Knoblauchpaste dazugeben und kurz dünsten ➟ Fleischstücke untermengen und braten ➟ Krabbenfleisch dazugeben ➟ gut vermengen und abschmecken ➟ Wasser darüber gießen, köcheln lassen, bis die Fleischstücke weich sind ➟ Gemüse untermengen und gar kochen (Vorsicht nicht überkochen) ➟ abschmecken ➟ in ein Sieb geben und abtropfen lassen. Eventuell, die Kochflüssigkeit zur Herstellung der Soße verwenden.

☺ Soße herstellen:

Wasser (oder Kochflüssigkeit), Zucker, Sojasoße und etwas Salz in einen Topf geben und verrühren, bis der Zucker gelöst ist ➟ zum Kochen bringen, dann bei schwacher Hitze köcheln lassen, bis die Soße dicker wird ➟ Knoblauch dazugeben und gut verrühren ➟ in eine Schale geben.

Oder

Panocha, Wasser und Sojasoße in einen Topf geben ➟ langsam zum Kochen bringen, dabei rühren, bis der Zucker gelöst ist ➟ köcheln lassen, bis die Soße dicker wird.

☺ Pfannkuchen füllen und Servieren:

Ein Blattsalat auf einen Teller legen ➟ ein Pfannkuchen darauf geben ➟ einige Lauchzwiebeln in die Mitte legen, dann Füllung darauf verbreiten ➟ eine Ecke auf die Füllung schlagen ➟ linke und rechte Seite auf die Füllung legen ➟ mit dem Salatblatt umhüllen und servieren. Soße wird extra servieret.

❀❀❀❀❀❀❀❀❀❀❀

Gedünstete Bohnensproßen mit Bohnenpaste

Zutaten:

250 g Bohnensproßen, waschen und abtropfen lassen
250 g Fleisch, in feine Streifen schneiden, waschen und abtropfen lassen
1 bis 2 Stücke Bohnenpaste (Tofu), in Würfel schneiden
1 Zwiebel, halbieren und in Streifen schneiden
2 bis 3 Knoblauchzehen, mit etwas Salz zerdrücken
2 bis 3 Tomaten, waschen, halbieren und in Streifen schneiden
Fischsoße
Salz
Pfeffer
Öl

So wird es gemacht:

☺ Etwas Öl in einer Pfanne erhitzen ➟ Fleischwürfel dazuegeben ➟ mit Salz, Pfeffer und Fischsoße abschmecken und goldbraun braten ➟ mit Wasser bedecken ➟ köcheln lassen, bis die Fleischstücke weich sind ➟ Fleischstücke aus der Brühe nehemen und abtropfen lassen.

☺ Etwas Öl in einer Pfanne erhitzen ➟ Bohnenpaste (Tofu) dazugeben und goldbraun braten ➟ aus der Pfanne nehmen und beiseite stellen.

☺ In die gleische Pfanne Zwiebeln zugeben und glasig dünsten ➟ Knoblauchpaste untermengen und kurz dünsten ➟ Tomaten dazugeben und dünsten, bis viel Flüssigkeit verdampft ist ➟ Fleischstücke und Bohnenpaste untermengen ➟ Bohnensproßen dazugeben und gut vermengen ➟ mit Salz, Pfeffer und Fischsoße abschmecken und einige Minuten dünsten (5 bis 6 Minuten), bis die Bohnensproßen weich sind.

❀❀❀❀❀❀❀❀❀❀❀

Geflügelgerichte

Hähnchen mit Kokosnussmilch

Zutaten:

1 Hähnchen, zerlegen, waschen, abtropfen lassen, salzen und pfeffern
1 Tasse Kokosnussmilch (siehe Seite 6)
2 bis 3 lange milde Peperoni, Stielansätze entfernen, der Länge nach halbieren, Samen entfernen, vierteln und in Streifen schneiden
2 Taroknollen (oder Kartoffeln), schälen, würfeln, waschen und abtropfen lassen
2 bis 3 Knoblauchzehen und ca. 1 cm Ingwerwurzel, mit etwas Salz zerdrücken
1 große Zwiebel, hacken
3 Tomaten, der Länge nach halbieren, Samen entfernen und hacken
1 bis 2 Teelöffel Gewürze:
  Getrockneter Koriander
  Kurkuma
  Currypulver
  Paprikapulver
  Chilipulver
  Pfeffer
Salz
Öl oder Butter

So wird es gemacht:

☺ Öl in einer großen Pfanne oder einem Topf erhitzen ➞ Hähnchenteile dazugeben und knusprig braten ➞ aus der Pfanne nehmen und warm halten.
☺ In der gleichen Pfanne Taro oder Kartoffeln braten ➞ aus der Pfanne nehmen und warm halten.
☺ Zwiebeln in der gleichen Pfanne glasig dünsten ➞ Knoblauch-Ingwerpate dazugeben und kurz dünsten ➞

Tomaten und Gewürze untermengen und dünsten, bis ein Teil der Flüsigkeit verdampft ist ➡ Peperoni dazugeben und dünsten, bis viel Flüssigkeit verdampft ist ➡ Kokosnussmilch darüber gießen und gut verrühren ➡ Hähnchenteile dazugeben, köcheln lassen, bis das Fleisch fast gar ist ➡ Taro oder Kartoffeln dazugeben und gar kochen ➡ abschmecken und heiß mit Reis servieren.

✿✿✿✿✿✿✿✿✿✿✿

Hähnchen Adobo Variante 1

Zutaten:

1 kg Hähnchenfleisch, zerkleinern, waschen und abtropfen lassen
1 Tasse Kokosnussmilch (siehe Seite 6)
2 bis 3 Knoblauchzehen, mit etwas Salz zerdrücken
2 bis 3 Lorbeerblätter
2 Esslöffel Sojasoße
2 bis 3 Esslöffel Essig
1/2 Teelöffel Pfefferkörner, grob zerdrücken
Salz
Öl

So wird es gemacht:

☺ Etwas Öl in einem Topf erhitzen ➡ Knoblauchpaste dazugeben und kurz dünsten ➡ Fleischstücke dazugeben und braten, bis sie Farbe annehmen ➡ Pfeffer, Salz, Essig und Sojasoße dazugeben und gut vermengen ➡ köcheln lassen, bis die Flüssigkeit verdampft ist. Dabei ununterbrochen rühren, damit nichts anbrennt ➡ Kokosnussmilch darüber gießen ➡ rühren und zum Kochen bringen ➡ auf schwacher Hitze köcheln lassen, bis die Fleischstücke gar sind ➡ Lorbeerblätter dazugeben und rühren ➡ 3 bis 4 Minuten köcheln lassen und heiß servieren.

✿✿✿✿✿✿✿✿✿✿✿

Variante 2

Zutaten:

1 kg Hähnchenfleisch, zerkleinern, waschen und abtropfen lassen
2 bis 3 Knoblauchzehen, mit etwas Salz zerdrücken
1 Lorbeerblatt
2 Esslöffel Sojasoße
3 Esslöffel Essig
1/2 Teelöffel Pfefferkörner, grob zerdrücken
Wasser
Öl

So wird es gemacht:

☺ Hähnchenfleisch in eine Schale geben ➟ etwas Knoblauchpaste, 1 Esslöffel Essig, 1 Esslöffel Sojasoße, Lorbeerblatt und 1 Esslöffel Wasser darüber geben ➟ gut vermengen ➟ Schale zudecken und ca. 30 Minuten stehen lassen.

☺ Etwas Öl in einer Pfanne oder einem Topf erhitzen ➟ Fleischstücke aus der Marinade nehmen (Marinade aufbewahren) ➟ in die Pfanne geben und knusprig braten ➟ Marinade und die restlichen Zutaten darüber geben und gut vermengen ➟ köcheln lassen, bis ein Teil der Flüssigkeit verdampft ist ➟ 1/2 Tasse Wasser darübergießen ➟ kurz zum Kochen bringen, dann bei schwacher Hitze köcheln lassen, bis die Fleischstücke gar sind ➟ abschmecken und heiß servieren.

❁❁❁❁❁❁❁❁❁❁

Variante 3

Zutaten:

1 kg Hähnchenfleisch, zerkleinern, waschen und abtropfen lassen
1 Tasse Kokosnussmilch (siehe Seite 6)
4 Esslöffel Sojasoße
4 Esslöffel Essig
Pfefferkörner (Menge nach Geschmack), grob zerdrücken
Salz
2 bis 3 Knoblauchzehen, mit etwas Salz zerdrücken
1 bis 2 Chilischoten, Stielabsätze entfernen, der Länge nach halbieren, Samen entfernen und fein hacken

So wird es gemacht:

☺ Hähnchenstücke, Sojasoße, Essig, Knoblauchpaste, Salz und Pfeffer in einen Topf geben und zum Kochen bringen, dann bei schwacher Hitze köcheln lassen, bis die Fleischstücke fast gar sind ➟ Kokosnussmilch und Chili dazugeben ➟ gut vermengen und zum Kochen bringen ➟ ca. 10 Minuten köcheln lassen, bis die Fleischstücke gar und die Soße dicker wird ➟ heiß servieren.

❁❁❁❁❁❁❁❁❁❁❁

GebrateneHähnchenfleisch in Ingwersoße

Zutaten:

500 g Hähnchenbrust, würfeln, waschen und abtropfen lassen
1 bis 2 Knoblauchzehen, mit Salz zerdrücken
Fischsoße
Pfeffer
Öl

☺ Alle Zutaten (außer Öl) in eine Schale geben ➠ gut vermengen ➠ Schale zudecken und ca. 2 Stunden ziehen lassen.

Zutaten für die Soße:

1 Bund Lauchzwiebeln, hacken
3 bis 4 cm Ingwerwurzel, in feine Streifen schneiden
1 Esslöffel Austersoße
1 Esslöffel Maisstärke (Maismehl) in 1 Tasse Wasser lösen
Öl

So wird es gemacht:

☺ Öl in einer Pfanne erhitzen ➠ Fleischstücke mit Marinade dazugeben und knusprig braten ➠ aus der Pfanne nehmen ➠ abtropfen lassen und warm halten.

☺ In der gleichen Pfanne (Eventuell Öl nachgießen) die Ingwerwurzel und Lauchzwiebeln dünsten ➠ gelöste Mehlstärke darüber gießen und gut vermengen ➠ zum Kochen bringen ➠ mit Austernsoße abschmecken ➠ köcheln lassen, bis die Soße dicker wird ➠ über die gebratenen Fleischstücke geben und heiß servieren.

❁❁❁❁❁❁❁❁❁❁

Hähnchen mit milde Peperoni
Afritada Manok

Zutaten:

1 kleines Hähnchen, zerlegen, waschen, abtropfen lassen, salzen und pfeffern
2 bis 3 Kartoffeln, schälen, vierteln und waschen
4 grüne und rote milde Peperoni, Stielansätze entfernen, der Länge nach halbieren, Samen entfernen, vierteln und in Streifen schneiden
Handvoll frische grüne Erbsen
1 große Zwiebel, hacken
3 bis 4 Knoblauchzehen, nur schälen
1 kg reife Tomaten, hacken
2 Esslöffel Essig
Salz
Pfeffer
Öl

So wird es gemacht:

☺ Öl in einen Topf erhitzen ➟ Kartoffeln dazugeben ➟ salzen und pfeffern ➟ braten ➟ aus dem Topf nehmen und beiseite stellen.

☺ In dem selben Topf Hähnchenteile knusprig braten ➟ aus dem Topf nehmen und beiseite stellen.

☺ In dem selben Topf Zwiebeln glasig dünsten ➟ Tomaten dazugeben und kurz dünsten ➟ Knoblauchzehen, Essig und das gebratenes Fleisch dazugeben und gut vermengen. Evtl. etwas Wasser darüber gießen ➟ köcheln lassen, bis die Fleischstücke fast gar sind ➟ Kartoffeln dazugeben und gar kochen, dann die Erbsen und Peperoni dazugeben und einige Minuten garen ➟ abschmecken und heiß servieren.

❁❁❁❁❁❁❁❁❁❁❁

Apritada

Zutaten:

500 g Hähnchenfleisch, zerkleinern, waschen und abtropfen lassen
250 g Kartoffeln, schälen, vierteln, waschen und abtropfen lassen
2 grüne oder rote lange milde Peperoni, Stielansätze entfernen, der Länge nach halbieren, Samen entfernen,vierteln und in Streifen schneiden
1 Zwiebel, hacken
2 Knoblauchzehen, mit etwas Salz zerdrücken
1 kleine Dose Tomatenmark in 1½ Tassen Wasser lösen, oder 1/2 Tasse Tomatensaft und 1 Tasse Wasser
Salz und Pfeffer
Öl

So wird es gemacht:

☺ Öl in einer großen Pfanne oder einem Topf erhitzen ➡ Fleischstücke dazugeben und braten, bis sie Farbe annehmen ➡ aus der Pfanne nehmen und beiseite stellen.
☺ In der gleischen Pfanne oder dem Topf Zwiebeln glasig dünsten ➡ Knoblauchpaste untermengen und kurz dünsten ➡ gelöstes Tomatenmark (oder Tomatensaft und Wasser) darübergeben ➡ abschmecken und kurz zum Kochen bringen, dann bei schwacher Hitze einige Minuten köcheln lassen ➡ Fleischstücke in die Soße geben und Pfanne oder Topf zudecken ➡ köcheln lassen, bis die Fleischstücke fast gar sind ➡ Tomaten und Peperoni dazugeben, rühren ➡ abschmecken ➡ köcheln lassen, bis alles im Topf gar ist und die Soße dicker wird. Falls die Soße sehr Flüssig ist, mit etwas Mehlstärke andicken ➡ heiß mit Reis servieren.

✿✿✿✿✿✿✿✿✿✿

Fritierte Hähnchen

Zutaten:

1 Hähnchen, zerlegen, waschen und abtropfen lassen
Frischer Zitronensaft von einer Zitrone
Salz und Pfeffer
Mehl, auf einen Teller verteilen
Öl

So wird es gemacht:

☺ Zitronensaft, Salz und Pfeffer in eine Schale geben und verrühren ➡ Hähnchenteile in der Marinade wälzen ➡ Schale zudecken und über Nacht ziehen lassen.
☺ Öl in einer Pfanne erhitzen ➡ Hähnchenteile in Mehl wälzen und goldbraun braten ➡ aus der Pfanne nehmen ➡ abtropfen lassen und heiß servieren.

❁❁❁❁❁❁❁❁❁❁

Caldereta - Schmor Hähnchen

Zutaten:

1 Hähnchen, zerlegen, waschen und abtropfen lassen, dann in folgenden Zutaten für ca. 3 Stunden marinieren:
    3 bis 4 zerdrückte Knoblauch
    Salz
    Pfeffer
    2 Esslöffel Zitronensaft
    1 bis 2 Esslöffel Essig
ca. 100 g Hähnchenleber, waschen und abtropfen lassen
2 Zwiebeln, hacken
3 bis 4 Knoblauchzehen, halbieren oder vierteln
1 bis 2 Tomaten, hacken
1 Esslöffel Tomatenmarkk in 1/2 Tasse Wasser lösen, oder 1/2 Tasse Tomatensaft
3 bis 4 (oder mehr) lange milde Peperoni,

Stielansätze entfernen, der Länge nach halbieren, Samen entfernen, vierteln und in Streifen schneiden
Einige Oliven, entkernen und vierteln
Salz und Pfeffer
Öl

So wird es gemacht:

☺ Öl in einer großen Pfanne oder einem Topf erhitzen ➟ Hähnchenteile aus der Marinade nehmen, abtropfen lassen und braten ➟ aus der Pfanne nehmen und beiseite stellen.
☺ In die gleiche Pfanne Zwiebeln geben und glsig dünsten ➟ Knoblauch dazugeben und kurz dünsten ➟ Tomaten untermengen und dünsten bis viel Flüssigkeit verdampft ist ➟ salzen und pfeffern ➟ Leber dazugeben und gut vermengen ➟ Tomatensaft oder gelöstes Tomatenmark darüber geben und 10 bis 15 Minuten köcheln lassen ➟ Hähnchenteile in die Soße geben. Evtl. etwas Wasser darüber gießen ➟ köcheln lassen, bis das Fleisch gar ist ➟ Oliven und Peperoni untermengen kurz erhitzen und heiß servieren.

❁❁❁❁❁❁❁❁❁❁

Calderata - Variante 2

Zutaten:

1 Hähnchen, zerlegen, waschen und abtropfen lassen
100 g frische Erbsen
2 Kartoffeln, schälen, vierteln, waschen und abtropfen lassen
2 bis 3 lange milde Peperoni, Stielansätze entfernen, der Länge nach halbieren, Samen entfernen, vierteln und in Streifen schneiden
1 Zwiebel, hacken
2 bis 3 Knoblauchzehen, mit etwas Salz zerdrücken
Fischsoße
Salz und Pfeffer
1 Tasse Wasser
Öl

Vermerk:
Man kann auch eine Tüte Caldereta-Michung (50 g) verwenden. Solche Soßenmischung bekommt man in einigen asiatischen Geschäfte.
Falls man die Caldereta-Michung verwendet, brauch man keine Zwiebeln, Knoblauch und Fischsoße.

So wird es gemacht:

☺ Öl in einen Topf erhitzen ➟ Kartoffeln dazugeben und braten ➟ aus dem Topf nehmen und beiseite stellen.
☺ In dem selben Topf Zwiebeln und Knoblauchpaste dünsten ➟ mit Salz, Pfeffer und Fischsoße abschmecken ➟ Hähnchenteile dazugeben und braten, bis sie Farbe annehmen ➟ Wasser darüber gießen ➟ Topf zudecken ➟ köcheln lassen, bis das Fleisch fast gar ist ➟ Kartoffeln und Peperoni untermengen. Falls die Flüssigkeit verdampft ist, etwas Wasser darüber geben ➟ köcheln lassen, bis die Fleischstücke und die Kartoffeln gar sind ➟ Erbsen dazugeben ➟ kurz köcheln lassen und heiß servieren.

❁❁❁❁❁❁❁❁❁❁

Hähnchenflügel in Gewürzsoße

Zutaten:

10 bis 12 Hähnchenflügel, waschen und abtropfen lassen
4 cm Ingwerwurzel, in feine Streifen schneiden, dann vierteln
2 bis 3 Esslöffel Sojasoße
2 Esslöffel Essig
1 Esslöffel Zucker
Fischsoße oder Austersoße
Öl

So wird es gemacht:

☺ Öl in einer Pfanne erhitzen ➟ Hähnchenflügel dazugeben und goldbraun braten ➟ aus der Pfanne nehmen und beiseite stellen.

☺ In der gleichen Pfanne Ingwerwurzel dünsten ➟ Essig, Sojasoße und Zucker dazugeben und rühren, bis der Zucker gelöst ist ➟ Hähnchenflügel in die Soße geben und wälzen ➟ köcheln lassen, bis das Fleisch weich ist ➟ mit Fischsoße oder Austernsoße abschmecken und servieren.

❁❁❁❁❁❁❁❁❁❁

Hähnchen mit Papaja

Zutaten:

1 Hähnchen, zerlegen, waschen und abtropfen lassen

1 kleine Papaja, schälen und in kleine Würfel schneiden

1 bis 2 cm Ingwerwurzel, mit etwas Salz zerdrücken

1½ Tassen Kokosnussmilch

1 bis 2 Chilischoten (oder mehr) (Bevor Sie mit Chili arbeiten, beachten Sie Seite 6), Stielansätze entfernen, der Länge nach halbieren, Samen entfernen und fein hacken

Salz und Pfeffer

So wird es gemacht:

☺ Hähnchenteile und Ingwerwurzel in einen Topf geben und mit Wasser fast bedecken ➟ salzen und pfeffer ➟ kochen lassen, bis die Fleischstücke fast gar sind ➟ Papajastücke dazugeben ➟ köcheln lassen, bis die Papaja und das Fleisch gar sind ➟ Kokosnussmilch und Chili dazugeben, rühren und kurz erhitzen ➟ abschmecken und servieren.

❁❁❁❁❁❁❁❁❁❁

Hähnchenfleisch mit Gemüse und Nüssen

Zutaten:

250 g Hähnchenfleisch, würfeln, waschen und abtropfen lassen
50 g frische Erbsen
100 g Zuckererbsen, vierteln
2 Knoblauchzehen und 1 bis 2 cm Ingwerwurzel, mit etwas Salz zerdrücken
100 g geröstete Cashewnüsse, halbieren
1 Tasse Brühe
3 Esslöffel Mehlstärke (Maismehl)
1 Esslöffel Sojasoße
2 Esslöffel Austersoße
Prise Zucker und Pfeffer
Salz
Öl

So wird es gemacht:

☺ Hähnchenfleisch in eine Schale geben ➡ 1 Esslöffel Mehlstärke, Prise Pfeffer und Sojasoße darüber geben ➡ gut vermengen ➡ 30 Minuten ziehen lassen.

☺ Etwas Öl in einem Topf erhitzen ➡ Hähnchenfleisch mit Marinade dazugeben und halb gar braten ➡ Brühe, Prise Zucker, Austersoße und 2 Esslöffel Mehlstärke darüber geben und gut verrühren ➡ köcheln lassen, bis die Fleischstücke gar sind ➡ Gemüse und Nüsse dazugeben, rühren und garen ➡ salzen und pfeffern ➡ heiß servieren.

❁❁❁❁❁❁❁❁❁❁

Gefülte Pute (oder Hähnchen)

Zutaten:

1 Pute, waschen und abtropfen lassen
2 bis 3 cm Ingwerwurzel, mit etwas Salz zerdrücken
Pfeffer
Öl oder Butter

Zutaten für den Füllung (Die Hälfte der unten aufgeführten Zutaten verwendet man zur Füllen die Hähnchen):

Füllung 1:

500 g Hackfleisch
1 Gewürzwurst, in Streifen schneiden, dann zerkleinern
1 Esslöffel Rosinen (ohne Kerne)
1 Bund Lauchzwiebeln, hacken
1 rote Zwiebel, hacken
Eine Handvoll Oliven, entkernt und halbiert
Geriebenen Käse (Menge nach Belieben)
Salz und Pfeffer

☺ Alle Zutaten in eine Schale geben, gut vermengen, mit Salz und Pfeffer abschmecken.

Füllung 2:

500 g Hackfleisch
1 Tasse zerkleinertes Sellerie
1 Tasse gekochten Reis
2 Zwiebel, hacken
1 Bund Lauchzwiebeln, hacken
1 rote Zwiebel, hacken
Salz und Pfeffer
Öl

☺ Etwas Öl in einer Pfanne erhitzen ➡ Zwiebeln und Sellerie dazugeben und dünsten ➡ Hackfleisch dazugeben, salzen und pfeffern ➡ braten, bis die Fleischstücke Farbe annehmen ➡ Lauchzwiebeln und rote Zwiebeln untermengen ➡ vom Herd nehmen und beiseite stellen.

Füllung 3:

250 g Hackfleisch
250 g Fleisch, in feine Würfeln schneiden, waschen und abtropfen lassen
1 Wurst, zerkleinern
2 Karotten, schaben, in dünne Streifen schneiden, dann klein würfeln
Eine Handvoll Rosinen (ohne Kerne)
1 bis 2 Eier, aufschlagen, in eine Schale geben und verrühren
25 g geriebenen Käse (Sorte nach Belieben)
1 eingelegte Gurke, in Streifen schneiden, dann würfeln
Salz und Pfeffer

☺ Alle Zutaten in eine Schale geben und gut vermengen.

Füllung 4:

4 Porreestangen, nur die weiße Teile hacken, waschen und abtropfen lassen
1 Tasse Reis
je 1 Tasse Wasser und Brühe oder nur Wasser
1 Zwiebel, hacken
Salz
Öl oder Butter

☺ Öl oder Butter in einem Topf erhitzen ➡ Zwiebeln und Porree dazugeben und glasig dünsten ➡ Reis dazugeben und gut vermengen ➡ Wasser und/oder Brühe darüber geben ➡ 1 Teelöffel Salz dazugeben und gut verrühren ➡ Topf zudecken und kurz zum Kochen bringen, dann bei schwacher Hitze ca. 20 bis 25 Minuten köcheln lassen, bis der Reis gar und trocken ist ➡ Topf vom Herd nehmen und beiseite stellen.

So wird es gemacht:

☺ Backofen auf 250°C vorheizen, dann die Backtemperatur auf 200°C reduzieren.

☺ Pute oder Hähnchen mit Ingwerpaste von innen- und außen einreiben ➡ mit Salz und Pfeffer bestreuen und füllen ➡ gefüllte Pute im vorgeheitzen Backofen schieben (200°C) und knusprig backen (Garzeit für jede 500 g ca. 20 Minuten)

➟ zwischendurch mit Butter bestreichen.

❁❁❁❁❁❁❁❁❁❁

Hähnchenleber mit Gemüse

Zutaten:

250 g Hähnchenleber, säubern, halbieren, waschen und abtropfen lassen
500 g verschiedene Gemüsesorten (z.B. Erbsen, Kohl, Zuckererbsen, Flaschenkürbis, Auberginen, Chayot .....), zerkleinern, waschen und abtropfen lassen
4 Knoblauchzehen und 1/2 cm Ingwerwurzel, mit etwas Salz zerdrücken
2 Zwiebeln, hacken
Austersoße
Fischsoße
Pfeffer
Etwas Wasser
Öl

So wird es gemacht:

☺ Etwas Öl in einem Topf erhitzen ➟ Zwiebeln dazugeben und glasig dünsten ➟ Knoblauch-Ingwerpaste untermengen und kurz dünsten ➟ Leber, Pfeffer, Austernsoße und Fischsoße dazugeben ➟ gut vermengen und braten ➟ Gemüse nach und nach dazugeben (zuerst die Sorten die längere Zeit zum garen brauchen) ➟ einige Minuten dünsten ➟ ca. 1/4 Tasse Wasser darüber geben ➟ köcheln lassen, bis das Gemüse gar und die Soße dicker wird ➟ heiß mit Reis servieren.

❁❁❁❁❁❁❁❁❁❁

Fleischgerichte

Fleisch Adobo

Zutaten:

1½ kg Fleisch, in 2 bis 3 Teile schneiden, waschen und abtropfen lassen
1 Kopf Knoblauch, Zehen schälen
2 (oder mehr) Chilischoten, Stielansätze entfernen, der Länge nach halbieren, Samen entfernen und zerkleinern
1 kleine Zwiebel, halbieren und in Streifen schneiden
2 Esslöffel Sojasoße
3 Esslöffel Essig
1 Teelöffel Kümmelsamen
1 Teelöffel Koriandersamen
2 bis 3 cm Zimtstange
Salz
Butter oder Butterfett (Butterschmalz)

So wird es gemacht:

☺ Fleischstücke in eine Schale geben ➟ Knoblauchzehen, Chili, Salz und Zwiebeln in einen Elektromixer geben und zu einer Paste verarbeiten ➟ Kümmelsamen, Korinadersamen, Sojasoße und Zimt dazugeben und weiter mixen ➟ Gewürzmischung über die Fleischstücke geben ➟ gut vermengen und über Nacht ziehen lassen. Zwischenduch wenden.

☺ Backofen auf 200°C vorheizen.

☺ Fleischstücke mit Marinade in eine Auflaufform geben ➟ mit Butter bestreichen ➟ Auflaufform zudecken und in den Backofen schieben und braten, bis die Fleischstücke gar sind (für 500 g benötigt man ca. 30 Minuten Backzeit). Zwischendurch die Bratensoße darüber gießen ➟ Deckel entfernen und einige Minuten braten, damit das Fleisch knusprig wird, heiß mit Reis servieren

❂❂❂❂❂❂❂❂❂❂❂

Grillen

Variante 1 - Ribbchen

Zutaten:

1 kg Ribben, waschen und abtropfen lassen
4 bis 5 Knoblauchzehen, mit etwas Salz zerdrücken
4 Esslöffel Essig
2 bis 3 Esslöffel Sojasoße
1 Esslöffel brauner Zucker
Salz oder Fischsoße
Zerdrückte Pfefferkörner

So wird es gemacht:

☺ Gewürzzutaten in eine Schale geben und gut verrühren ➟ Ribben in der Marinade wälzen ➟ Schale zudecken und über Nacht ziehen lassen.

☺ Grill mit Holzkohle vorheizen ➟ Grillribben auf das Grillrost legen und grillen. Zwischendurch mit Marinade bestreichen ➟ heiß servieren.

❂❂❂❂❂❂❂❂❂❂❂

Variante 2 - Fleisch

Zutaten:

1 kg verschieden Fleischsorten (Rind, Hammel, Hähnchen), in Würfel schneiden, waschen und abtropfen lassen
1 Tasse Orangensaft
2 Esslöffel Tomatenmark
3 bis 4 Knoblauchzehen, mit etwas Salz zerdrücken
3 Esslöffel brauner Zucker
Salz
zerdrückte Pfefferkörner

So wird es gemacht:

☺ Alle Gewürzzutaten in eine Schale geben und gut verrühren ➟ Fleischwürfel dazugeben und gut vermengen ➟ Schale zudecken und über Nacht ziehen lassen.
☺ Grill mit Holzkohle vorheizen ➟ die eingelegten Fleischstücke auf Spieße stecken und grillen. Zwischendurch mit Marinade bestreichen ➟ heiß servieren.

✿✿✿✿✿✿✿✿✿✿✿

Variante 3
Gegrillte Hackfleischspieße

Zutaten:

500 g Hackfleisch
1 Zwiebel, fein hacken
2 bis 3 Knoblauchzehen, mit etwas Salz zerdrücken
1 bis 2 cm Ingwerwurzel, zerdrücken
2 Eier, aufschlagen, in eine Schale geben und verrühren
Salz
Pfeffer
Prise braunen Zucker

So wird es gemacht:

☺ Alle Zutaten in eine Schale geben und gut verkneten. Am besten 1 bis 2mal durch den Fleischwolf drehen ➟ Fleischspieße oder Holzspieße mit etwas Öl beschmieren, dann eine Handvoll Fleischteig nehmen und um ein Spieß zu ein länglichen Wurst pressen. Auf dieser Art den Fleischteig auf die restlichen Spieße pressen.
☺ Grill mit Holzhohle füllen und vorheizen ➟ Hackfleischspieß knusprig grillen und heiß mit Reis servieren.

✿✿✿✿✿✿✿✿✿✿✿

Getrocknetes Fleisch in Kokosnussmilch

Zutaten:

1 Tasse Kokosnussmilch (siehe Seite 6)
500 g getrocknete Fleisch
1 Zwiebel, hacken
3 bis 4 Knoblauchzehen, mit etwas Salz zerdrücken
Salz

So wird es gemacht:

☺ Kokosnussmilch, Knoblauchpaste und Zwiebeln in einen Topf geben und gut verrühren ➟ zum Kochen bringen ➟ Fleisch dazugeben, kochen lassen, bis das Fleisch weich ist ➟ abschmecken und servieren.

✿✿✿✿✿✿✿✿✿✿✿

Fleisch, süß-sauer

Zutaten:

500 g Fleisch, in Würfel schneiden, waschen und abtropfen lassen
2 Esslöffel Sojasoeß
1/2 Esslöffel Mehlstärke
Salz
Öl, zum Braten
1 Zwiebel, hacken
1 Knoblauchzehe, mit etwas Salz zerdrücken
1 kleine Dose Ananasstücke, Dose aufmachen, durch ein Sieb geben, abtropfen lassen und Ananassirup aufbewahren
3 Esslöffel Zucker
2 bis 3 Esslöffel Essig
100 g grüne und rote lange milde Peperoni, Stielansätze entfernen, der Länge nach halbieren, Samen entfernen, vierteln und in Streifen schneiden
1/2 Esslöffel Tomatenmark

2 Esslöffel Sojasoße
1/2 Esslöffel Mehlstärke
4 bis 5 Esslöffel Wasser
Salz
Öl

So wird es gemacht:

☺ Fleischstücke, 2 Esslöffel Sojasoße, 1/2 Esslöffel Mehlstärke und Prise Salz in eine Schale geben ➟ gut vermengen und ca. 30 Minuten ziehen lassen ➟ etwas Öl in einem Topf erhitzen ➟ Fleischstücke mit Marinade dazugeben und knusprig braten ➟ aus der Pfanne nehmen und beiseite stellen.

☺ In der gleichen Pfanne Zwiebeln glasig dünsten ➟ Knoblauchpaste dazugeben und kurz dünsten ➟ Peperoni dazugeben und dünsten ➟ die restlichen Zutaten dazugeben und gut verrühren ➟ Fleischstücke dazugeben, rühren und kurz zum Kochen bringen ➟ köcheln lassen, bis die Fleischstücke weich sind. Falls viel Flüssigkeit verdampft ist, etwas Wasser darüber gießen ➟ abschmecken und heiß servieren.

✪✪✪✪✪✪✪✪✪✪✪

Fleisch mit Fischpaste

Zutaten:

500 g Fleisch, in Würfel schneiden, waschen und abtropfen lassen
6 bis 7 Knoblauchzehen, mit etwas Salz zerdrücken
1 Zwiebel, hacken
1/2 Esslöffel Fischpaste (Bagoong)
4 Esslöffel Essig
ca. 3/4 Tasse Wasser
Salz
Pfeffer
Öl

So wird es gemacht:

☺ Fleischstücke, Wasser, Essig, die Hälfte des zerdrückten Knoblauchs und Pfeffer in einen Topf geben und fast gar kochen ➟ Fleischstücke aus dem Topf nehmen und beiseite stellen. Kochflüssigkeit aufbewahren.

☺ Etwas Öl in einer Pfenne erhitzen ➟ Zwiebeln dazugeben und glasig dünsten ➟ die restlichen Knoblauchpaste untermengen und kurz dünsten ➟ Fischpaste dazugeben und gut verrühren, dann zur Kochflüssigkeit geben, verrühren und einige Minuten brodeln lassen ➟ Fleisch dazugeben und bei schwacher Hitze köcheln lassen, bis das Fleisch gar ist.

✪✪✪✪✪✪✪✪✪✪✪

Fleisch mit Krabbenpaste

Zutaten:

500 g Fleisch, würfeln, waschen und abtropfen lassen
1/2 Tasse gesalzene kleine Krabben (Bagoong Alamang)
2 Esslöffel Essig
1 Zwiebel, hacken
2 bis 3 Knoblauchzehen, mit etwas Salz zerdrücken
3 Tomaten, hacken
1 Teelöffel Zucker
Wasser
Öl

So wird es gemacht:

☺ Fleischwürfel in einen Topf geben ➟ salzen ➟ mit Wasser fast bedecken und gar kochen ➟ aus dem Wasser nehmen und beiseite stellen.

☺ Etwas Öl in einer Pfanne erhitzen ➟ Zwiebeln dazugeben und glasig dünsten ➟ Knoblauchpaste untermengen und kurz dünsten ➟ Tomaten dazugeben ➟ kurz dünsten und die Krabben untermengen ➟ dünsten, bis die Krabben Farbe annehmen ➟ Essig und Zucker dazugeben und Rühren, bis der Zucker gelöst ist ➠ Fleischstücke und etwas Brühe dazugeben ➠ kochen lassen, bis die Fleischstücke gar sind ➠ heiß servieren.

❂❂❂❂❂❂❂❂❂❂

Panzen mit Sojabohnenpaste

Zutaten:

500 g Panzen, in Stücke schneiden, waschen und abtropfen lassen
1 Stück Sojabohnenpaste, mit einer Gabel zerkleinern
2 bis 3 Esslöffel Sojasoße
4 bis 5 Esslöffel Essig Tasse Essig
2 Knoblauchzehen, mit etwas Salz zerdrücken
4 Esslöffel brauner Zucker
1/4 Tasse Erdnüsse, zerdrücken
1/2 Teelöffel Pfefferkörner, grob zerdrücken
Salz

So wird es gemacht:

☺ Alle Zutaten (außer Sojabohnenpaste und Erdnüsse) in einem Topf geben ➠ gut vermengen und einige Stunden ziehen lassen ➠ mit Wasser fast bedecken und zum Kochen bringen, dann bei schwacher Hitze köcheln lassen, bis die Panzen gar sind ➠ Sojabohnenpaste und Erdnüsse dazugeben und gut verrühren ➠ köcheln lassen, bis die Soße dicker wird ➠ heiß servieren.

❂❂❂❂❂❂❂❂❂❂

Panzen mit Sojasoße

Zutaten:

500 g Panzen, würfeln, waschen und abtropfen lassen
4 bis 5 Knoblauchzehen, vierteln
1 bis 2 Knoblauchzehen, mit etwas Salz zerdrücken
1/2 Teelöffel Pfefferkörner, grob zerdrücken
Salz

Öl

Zutaten für die Soße:

1 kleine Chilischote, Stielansatz entfernen, der Länge nach halbieren, Samen entfernen und fein hacken
4 Esslöffel Sojasoße
1 bis 2 Knoblauchzehen, mit etwas Salz zerdrücken
1 Esslöffel Essig

So wird es gemacht:

☺ Reichlich Wasser in einem Topf geben ➟ Panzen, Knoblauch, Pfeffer und 1 Teelöffel Salz dazugeben und gar kochen ➟ Topfinhalts durch ein Sieb geben und gut abtropfen lassen.

☺ Etwas Öl in einer großen Pfanne erhitzen ➟ Knoblauchpaste dazugeben und kurz dünsten ➟ Panzenstücke dazugeben und knusprig Braten ➟ heiß mit Soße servieren.

☺ Soße herstellen:

Alle zutaten für die Soße in eine Schale geben und gut verrühren.

❂❂❂❂❂❂❂❂❂❂❂

Fleisch und Gemüse mit Auberginensoße

Zutaten für die Soße:

1 runde Aubergine
2 bis 3 Knoblauchzehen, fein hacken
2 bis 3 Esslöffel Essig
Salz
Pfeffer

Zutaten für das Gericht:

500 g Fleisch, in Würfel schneiden, waschen und abtropfen lassen
250 g Hühnerfleisch, Würfeln, waschen und abtropfen lassen
2 asiatische- oder italienische gewürz Wurste, in Ringe schneiden
3 Kochbananen, schälen, kochen und in Ringe schneiden
2 bis 3 Kartoffeln, schälen, kochen und vierteln
3 bis 4 Süßkartoffeln, kochen, Schalen entfernen und vierteln
150 g grüne Bohnen
1/4 Kohlkopf, zerkleinern, waschen und abtropfen lassen
1 Tasse Kichererbsen, über Nacht im Wasser einweichen, in ein Sieb geben, abtropfen lassen, in einem Topf geben, mit Wasser bedecken, gar kochen, in ein Sieb geben und abtropfen lassen
1 Bund Lauchzwiebeln, hacken
2 bis 3 Knoblauchzehen, mit etwas Salz zerdrücken
1 Zwiebel, hacken
Salz
Pfeffer
Öl

So wird es gemacht:

☺ Soße herstellen:

Aubergine in Alufolie gut hüllen und im vorgeheitzen Backofen (200°C) für ca. 25 bis 30 Minuten Backen ➟ aus dem Offen nehmen ➟ Aubergine aus dem Alufolie rausnehmen und Schale abschaben oder abziehen ➟ Auberginenfleisch in eine Servierschale geben, Knoblauch, Salz, Pfeffer und Essig dazugeben und mit einer Gabel püriren ➟ abschmecken und beiseite stellen.

☺ Die restlichen Zutaten Kochen:

❍ Fleisch, Hühnerfleisch, Wurst, Lauchzwiebeln und Salz in einem Topf geben ➟ ca. 4 Tassen Wasser darüber geben und gar kochen ➟ Topfinhalt durch ein Sieb geben ➟ Fleischmichung beiseite stellen und Brühe aufbewahren.

❍ Etwas Öl in einen Topf erhitzen ➟ Zwiebeln dazugeben und glasig dünsten ➟ Knoblauch untermengen und kurz dünsten ➟ die hälfte die Brühe darüber geben und zum Kochen bringen ➟ Bohnen, Kohl und Fleischmischung dazugeben und gar kochen ➟ die restlichen Zutaten dazugeben und einige Minuten erhitzen ➟ abschmecken ➟ Fleisch und Gemüse aus die Brühe nehmen und in einen Servierteller geben ➟ Brühe in eine Schale geben ➟ das Gericht mit Brühe und Auberginensoße servieren.

❂❂❂❂❂❂❂❂❂❂❂

Fleisch mit Auberginen

Zutaten:

3 bis 4 lange Auberginen
250 g Fleisch, in dünne Streifen schneiden, dann die Streifen in dünne Stücke schneiden, waschen und abtropfen lassen
5 bis 6 Tomaten, hacken
4 bis 5 Knoblauchzehen, mit etwas Salz zerdrücken
1 Zwiebel, hacken
1 Tasse Brühe und 1 Tasse Wasser
Salz
Pfeffer
Öl

So wird es gemacht:

☺ Auberginen in Streifen schneiden, mit Salz bestreuen und in ein Sieb geben, 30 Minuten stehen lassen, damit die bittere Säfte austropfen können ➟ waschen und gut abtropfen lassen.

☺ Öl in einer Pfanne erhitzen ➟ Auberginen dazugeben und goldbraun Braten (nicht schwarz werden lassen) ➟ aus dem Öl nehmen ➟ austropfen lassen und beiseite stellen.
☺ Etwas Öl in einen Topf erhitzen ➟ Zwiebeln dazugeben und glasig dünsten ➟ Knoblauchpaste untermengen und kurz dünsten ➟ Tomaten dazugeben und gut vermengen, köcheln lassen, bis viel Flüssigkeit verdampft ist ➟ Fleischstücke dazugeben, salzen und pfeffern ➟ einige Minuten in die Tomatensoße dünsten, dann Wasser und Brühe darüber gießen und gar kochen ➟ Auberginen dazugeben ➟ kurz erhitzen und heiß servieren.

✪✪✪✪✪✪✪✪✪✪✪

Fleisch mit Leber

Zutaten:

500 g Fleisch, in dünne Streifen schneiden, dann die Streifen zerkleinern, waschen und abtropfen lassen
150 g Leber, in Streifen schneiden, dann die Streifen zerkleinern, waschen und abtropfen lassen
150 g Niren oder Lunge, waschen und hacken
4 bis 5 Knoblauchzehen, mit etwas Salz zerdrücken
1 Zwiebel, hacken
2 bis 3 Esslöffel Essig
1 Esslöffel Sojasoße
1/2 Teelöffel Pfefferkörner, grob zerdrücken
Salz oder Fischsoße
Öl

So wird es gemacht:

☺ Fleischstücke in eine Schale geben ➟ Salz und Essig darüber geben, gut vermengen und ca. 30 Minuten ziehen lassen.
☺ Leber und Niren oder Lunge in eine Schale geben ➟ salzen ➟ Sojasoße darüber geben und ca. 30 Minuten ziehen lassen.
☺ Etwas Öl in einen Topf erhitzen ➟ Zwiebeln dazugeben und glasig dünsten ➟ Knoblauch untermengen und kurz

dünsten ➠ Fleisch mit Marinade dazugeben und bei schwacher Hitze Braten, bis die Fleischstücke fast gar sind ➠ die restlichen Fleischsorten mit Marinade untermngen, abschmecken, köcheln lassen, bis die Fleischstücke gar sind und viel Flüssigkeit verdampft ist ➠ heiß servieren.

❂❂❂❂❂❂❂❂❂❂❂

Beefsteak in Austersoße

Zutaten:

250 g Beefsteakscheiben, mit einen Messer oder ein Fleischhammer dünn klopfen, dann in Streifen schneiden
3 bis 4 Knoblauchzehen, fein hacken
1 bis 2 cm Ingwerwurzel, zerdrücken
1 Zwiebel, halbieren, dann in feine Streifen schneiden
1/2 Tasse Zuckererbsen, in Streifen schneiden
2 Esslöffel Austersoße
1 Esslöffel Sojasoße
Öl

So wird es gemacht:

☺ Fleischstreifen in eine Schale geben ➠ Sojasoße darübergeben, gut vermengen und 30 Minuten ziehen lassen.
☺ Etwas Öl in einer Pfanne erhitzen ➠ Zuckerebsen dazugeben und Braten ➠ aus dem Öl nehmen und beiseite stellen.
☺ In die gleiche Pfanne Knoblauch dazugeben und dünsten, bis sie Farbe annehmen ➠ Zwiebeln und Ingwerpaste untermngen und glasig dünsten ➠ Fleisch dazugeben und Braten, bis die Stücke Farbe annhemen ➠ Austersoße und 1 bis 2 Esslöffel Wasser darüber geben und gut vermengen ➠ köcheln lassen, bis die Fleischstücke gar sind. Eventuell etwas Wasser darüber geben ➠ Zuckererbsen untermengen und kurz erhitzen ➠ abschmecken und heiß servieren.

❂❂❂❂❂❂❂❂❂❂❂

Variante 2

Zutaten:

500 g Beefsteak, in dünne Streifen schneiden, dann halbieren
2 Knoblauchzehen, mit etwas Salz zerdrücken
1 Esslöffel Sojasoße
1 Esslöffel Zucker
Salz
Pfeffer
Öl oder Butter

So wird es gemacht:

☺ Alle Zutaten (außer Öl oder Butter) in eine Schale geben und gut vermengen ➡ über Nacht im Kühlschrank aufbewahren ➡ Öl oder Butter in einer Pfanne erhitzen ➡ Fleischstücke mit Marinade dazugeben und Braten ➡ heiß servieren.

✪✪✪✪✪✪✪✪✪✪✪

Fleischbällchen mit Essigsoße

Zutaten für die Soße:

1 kleine Zwiebel, fein hacken
5 Esslöffel Essig
2 Esslöffel Zucker
1/2 Teelöffel Salz
Prise Pfeffer

Zutaten für die Fleischbällchen:

350 g Hackfleisch
150 g Krabbenfleisch, fein hacken
1 Ei, aufschlagen, in eine Schale geben und verrühren
2 bis 3 Tomaten, Haut anritzen, mit kochendem Wasser überbrühen, Haut abziehen, halbieren, Samen entfernen und fein hacken
Salz oder Fischsoße

Öl

So wird es gemacht:

☺ Soße vorbereiten:

Alle Zutaten für die Soße in eine Schale geben und gut verrühren, bis der Zucker völlig gelöst ist ➡ abschmecken und beiseite stellen.

☺ Fleischbällchen vorbereiten:

Alle Zutaten (außer Öl) in eine Schale geben und gut verkneten, oder 1 bis 2mal durch den Fleischwolf drehen ➡ Fleischteig zu kleinen Kugeln formen.

☺ Öl in einer Pfanne erhitzen ➡ Fleischbällchen dazugeben und knusprig Braten ➡ heiß mit Soße servieren.

✿✿✿✿✿✿✿✿✿✿✿

Fleischbällchen, süß-sauer

Zutaten:

500 g Hackfleisch
2 Eier, aufschlagen, in eine Schale geben und verrühren
1 Sellerie, fein hacken
1 lange milde Peperoni, Stielansatz entfernen, der Länge nach halbieren, Samen entfernen und hacken
2 Lauchzwiebeln, fein hacken
2 bis 3 Knoblauchzehen, mit etwas Salz zerdrücken
1 Zwiebel, hacken
1 Esslöffel Sojasoeß
1 Esslöffel Zucker
1/2 Esslöffel Essig
Einige Löffel Ananassaft
Salz
Pfeffer
Mehl
1 Tasse Wasser
Öl

So wird es gemacht:

☺ Hackfleisch, Eier, Lauchzwiebeln, Sellerie, Salz und Pfeffer in eine Schale geben und gut verkneten. Eventuell durch den Fleischwolf 1 bis 2mal drehen ➟ Schale zudecken und 1 Stunde ziehen lassen ➟ Fleischteig zu kleine Kugeln formen und in Mehl wälzen.

☺ Öl in einer große Pfanne erhitzen ➟ Fleischbällchen dazugeben und knusprig Braten, aus dem Öl nehmen, abtropfen lassen und warm halten.

☺ In der selben Pfanne Zwiebeln glasig dünsten ➟ Knoblauch dazugeben und dünsten, dann die restlichen Zutaten (außer Peperoni) dazugeben und gut verrühren ➟ zum Kochen bringen, dann bei schwacher Hitze köcheln lassen, bis die Soße dicker wird ➟ Fleischbällchen und Peperoni dazugeben ➟ einige Minuten köcheln lassen, bis die Peperonistücke weich sind ➟ heiß mit Reis servieren.

❂❂❂❂❂❂❂❂❂❂❂

Beefsteak mit Schinkenfett in Tomatensoße

Zutaten:

500 g Beefsteak, in Stück, waschen und abtropfen lassen
1 bis 2 Streifen Fettschinken
3/4 Tasse Tomatensaft
3 Esslöffel Essig
3 bis 4 kleine Schalloten, nur schälen
3 lange milde Peperoni, Stielansätze entfernen, der Länge nach halbieren, Samen entfernen und vierteln
Salz
Pfeffer
Öl

So wird es gemacht:

☺ Ein tiefen schnitt in Fleishstück mit einem scharfen Messer schneiden ➟ Fettstreifen in das Fleisch füllen ➟ Öl in einen Topf erhitzen ➟ Fleischstück dazugeben und rundherum Braten ➟ Schalotten, Tomatensaft, Essig, Salz, Pfeffer und etwas Wasser darüber geben und Rühren ➟ kurz zum Kochen bringen, dann bei Schwacher Hitze köcheln lassen, bis das Fleisch gar ist. Falls die Soße verdampft ist, etwas Wasser oder/und Tomatensaft dazugeben ➟ Peperoni dazugeben und garen ➟ in Scheiben schneiden und heiß servieren.

❂❂❂❂❂❂❂❂❂❂❂

Beefsteak

Zutaten:

4 Scheiben Beefsteak, mit einem Messer oder Fleischhammer flach hauen
1 Esslöffel Sojasoße
1 Esslöffel Zitronensaft
1 Zwiebel, in Ringe schneiden
Salz
Pfeffer
Öl

So wird es gemacht:

☺ Beefsteak, Sojasoße, Zitronensaft, Salz und Pfeffer in eine Schale geben ➟ gut vermengen und 1 Stunde ziehen lassen.
☺ Etwas Öl in einer Pfanne erhitzen ➟ Fleischstücke dazugeben und Braten ➟ aus der Pfanne nehmen und auf einen Servierteller geben ➟ Zwibelringe in das heiße Öl glasig dünsten ➟ über die gebratenen Fleischstücke geben und heiß servieren.

❂❂❂❂❂❂❂❂❂❂❂

Beefsteak-Roladen

Zutaten:

500 g Beefsteak, in dünne Scheiben schneiden, waschen und abtropfen lassen
2 gewürz Gurken, in Streifen schneiden
2 gewürz Würstschen, in Streifen schneiden
1 Stück Käse (Sorte nach Belieben), in Streifen schneiden
2 bis 3 Scheiben Schinken, in Streifen schneiden
1 kleine Karotte, schaben und in feine Streifen schneiden
1 Esslöffel Zitronen- oder Limettensaft
2 bis 3 Esslöffel Sojasoße
1 Knoblauchzehe, mit etwas Salz zerdrücken
2 Zwiebeln, halbieren und in Streifen schneiden
2 Tomaten, Haut anritzen, mit kochendem Wasser über brühen, Haut abziehen, halbieren, Samen entfernen und hacken
1/2 Tasse Tomatensaft
1½ Tassen Wasser
Salz
Pfeffer
Öl

So wird es gemacht:

☺ Fleischstücke in eine Schale geben ➟ Zitronensaft, Sojasoße, Salz und Pfeffer darüber geben, gut vermengen und 30 Minuten ziehen lassen.
☺ Die eingelegten Fleischstücke auf eine Arbeitsplatte verbreiten ➟ Gewürzgurken, Schinken, Käse und Karotten auf die Scheiben verteilen ➟ die Ecken jeder Fleischscheibe über die Füllung geben und zu runden Wurst drehen ➟ kleine Holzstäbe durch jede gefülten Fleischwurst durchstechen, damit sie beim kochen nicht auf gehen.
☺ Öl in einen großen Pfanne erhitzen ➟ die gefüllten Fleischscheiben dazugeben und rundherum knusprig Braten

➠ aus der Pfanne nehmen und beiseite stellen.

☺ In die gleische Pfanne Zwiebeln glasig dünsten ➠ Knoblauch dazugeben und kurz dünsten ➠ Tomaten dazugeben und dünsten, bis viel Flüssigkeit verdampft ist ➠ Tomatensaft und Wasser darüber gießen ➠ mit Salz und Pfeffer abschmecken und zum Kochen bringen ➠ Fleisch dazugeben und köcheln lassen, bis sie weich sind ➠ Fleischstücke aus die Soße nehmen und auf einen Servierteller geben ➠ die Soße mit etwas Mehlstärke andicken, in eine Servierschale geben und zum Fleisch servieren.

✪✪✪✪✪✪✪✪✪✪✪

Fleish mit Zuckererbsen

Zutaten:

250 g Fleisch, in dünne Streifen schneiden, dann die Streifen in kleine Würfel schneiden, waschen und abtropfen lassen
150 g Zuckererbsen, vierteln
2 Teelöffel Ingwerpulver
2 Esslöffel Sojasoße
2 Knoblauchzehen, mit etwas Salz zerdrücken
1 Zwiebel, hacken
1 Esslöffel Mehlstärke
Salz
Pfeffer
Öl

So wird es gemacht:

☺ Fleischwürfeln, 1 Teelöffel Ingwerpulver, die Hälfte die zerdrückten Knoblauch, 1 Esslöffel Sojasoße, Salz, Pfeffer und Mehlstärke in eine Schale geben und gut vermengen ➠ Schale zudecken und ca. 30 Minuten ziehen lassen.

☺ Öl in einer Pfanne erhitzen ➠ Zuckererbsen dazugeben und für 1 bis 2 Minuten Braten ➠ aus dem Öl nehmen auf einen Serviertelle geben und warm halten.

☺ In die gleichen Pfanne Zwiebeln glasig dünsten ➠ die

restlichen Knoblauchpaste untermengen und kurz dünsten ➡ die restlichen Sojasoße darüber geben, salzen und pfeffer ➡ Fleischstücke mit Marinade dazugeben und knusprig Braten ➡ über die Zuckererbsen geben und heiß servieren.

❂❂❂❂❂❂❂❂❂❂

Paksiw na Pata

Eingelegte Haxe

Zutaten:

2 kleine Haxe, waschen und abtropfen lassen
2 Knoblauchzehen, mit etwas Salz zerdrücken
4 Esslöffel Essig
3 bis 4 Esslöffel Sojasoße
3 Esslöffel brauner Zucker
2 Lorbeerblätter
1/2 Tasse getrocknete Bananenblüten
Salz
Pfeffer

So wird es gemacht:

☺ 1 Tasse Wasser und die restlichen Zutaten (außer Haxen) in einem Topf geben und verrühren ➡ Haxen dazugeben ➡ Wasser nachgießen, bis die Haxen damit fast bedeckt sind ➡ kochen lassen, bis die Haxen gar sind.

❂❂❂❂❂❂❂❂❂❂

Kalderetang Kambing

Gewürztes Zigenfleisch mit Gemüse

Zutaten:

1 kg Ziegenfleisch. Ersatzweise Hammelfleisch, in Würfeln schneiden, waschen und abtropfen lassen
1/2 Tasse Essig
1/2 Tasse Sojasoße
2 Knoblauchzehen, mit etwas Salz zerdrücken
Einige Knoblauchzehen, hacken
3 Zwiebeln, hacken
4 bis 5 Tomaten, hacken

1/2 Tasse Tomatensaft. Ersatzweise 1 Esslöffel Tomatenmark in 1/2 Tasse Wasser lösen
1 bis 2 Chilischoten, Stielansätze entfernen, der Länge nach halbieren, Samen entfernen und fein hacken
3 bis 4 grüne und rote lange milde Peperoni, Stielansätze entfernen, der Länge nach halbieren, Samen entfernen und vierteln
1/4 Tasse grüne Bohnen, halbieren
1/4 Tasse Oliven, Kerne entfernen
3 Esslöffel geriebene Käse, Sorte nach Belieben
100 g Leber, in Streifen schneiden, die Streifen in kleine Würfel schneiden, Braten und beiseite stellen
1 süß angelegte Gurge, in Streifen schneiden, dann hacken
1/2 Esslöffel getrocknete Oregano
Salz
Pfeffer
Öl

So wird es gemacht:

☺ Fleischstücke in eine Schale geben ➡ Essig, Sojasoße, Knbolauchpaste, Salz und Pfeffer darüber geben und gut vermengen ➡ Schale zudecken und 1 bis 2 Stunden ziehen lassen.

☺ Etwas Öl in einen Topf erhitzen ➡ Fleischwürfeln aus der Marinade nehmen und braun Braten ➡ aus dem Topf nehmen und beiseite stellen.

☺ In den selben Topf Zwiebeln glasig dünsten ➡ Knoblauchzehen dazugeben und kurz dünsten ➡ Tomaten untermengen und dünsten, bis viel Flüssigkeit verdampft ist ➡ Tomatensaft und eine Tasse Wasser darüber geben und zum Kochen bringen ➡ Fleisch dazugeben und köcheln lassen, bis die Fleischstücke gar sind. Falls viel Flüssigkeit verdampft ist, etwas Wasser darüber gießen ➡ die restlichen Zutaten dazugeben, köcheln lassen, bis die Gemüse gar ist ➡ abschmecken und heiß mit Reis servieren.

✪✪✪✪✪✪✪✪✪✪✪

Kare-Kare

Ochsenschwanz mit Erdnusssoße

Zutaten:

1 Ochsenschwanz, beim Schalchter in Stücke schneiden, waschen und abtropfen lassen
250 g Fleisch, in Würfel schneiden, waschen und abtropfen lassen, oder eine kleine Haxe
3 bis 4 Knoblauchzehen, mit etwas Salz zerdrücken
2 Zwiebeln, hacken
2 mittelgroßen Auberginen, Stielansätze etfernen, waschen, in Ringe schneiden, in ein Sieb geben und mit Salz bestreuen und ca. 30 Minuten stehen lassen, damit die bittere Säfte austropfen können, danach waschen und abtropfen lassen
100 g Spargelbohnen (Sitaw), zerkleinern. Ersatzweise grüne Bohnen in feine Streifen schneiden
1 Tasse zerdrückte Erdnüssen
50 g gesalzene sehr kleine Krabben (Bagoong Alamang)
1 Tasse Reismehl
3 bis 4 Tassen Wasser
Salz
Einige Pfefferkörner
Pfeffer
Öl

Vermerk:
Man kann auch fertige Erdnussmischung (Kare-Kare) für die Soße in asiatischen Lebensmittelhandel kaufen

So wird es gemacht:

☺ Ochsenschwanzstücke, Fleischwürfel, Salz, Pfefferkörner und Wasser in einem Topf geben und gar kochen ➟ Fleischstücke und Ochsenschwanzstücke aus die Brühe nehmen ➟ Brühe langsam köcheln lassen ➟ Fleisch vom Knochen lösen, mit die Fleischstücke vermengen und beiseite stellen.

☺ Öl in einer Pfanne erhitzen ➟ Zwiebeln dazugeben und

glasig dünsten ➟ Knboblauch dazugeben und kurz dünsten ➟ Erdnüsse, Krabben und Reismehl dazugeben, gut vermnegen und zum Brühe geben ➟ Rühren und zum Kochen bringen ➟ Fleisch und Gemüse dazugeben, köcheln lassen, bis die Gemüse gar ist ➟ heiß servieren.

✪✪✪✪✪✪✪✪✪✪

Variante 2

Zutaten:

1 Ochsenschwanz, zerkleinern, waschen und abtropfen lassen
250 g Fleisch, würfeln, waschen und abtropfen lassen
1 Gewürzwurst, in Streifen schneiden, dann zerkleinern
1 Zwiebel, hacken
4 bis 5 Knoblauchzehen, fein hacken
3 bis 4 grüne und rote lange milde Peperoni, Stielansätze entfernen, der Länge nach halbieren, Samen entfernen und vierteln
1 Tasse Tomatensaft
2 Tomaten, hacken
Salz
Pfeffer
Öl

So wird es gemacht:

☺ Ochsenschwanzstücke, Salz und Pfeffer in einem Topf geben ➟ mit Wasser bedecken und gar kochen ➟ aus die Brühe nehmen ➟ Fleisch vom Knochen lösen und beiseite stellen ➟ Brühe aufbewahren.

☺ Öl in einer großen Pfanne erhitzen ➟ Fleischstücke dazugeben und knusprig Braten ➟ aus der Pfanne nehmen und beiseite stellen.

☺ In der selben Pfanne Zwiebeln glasig dünsten ➟ Knoblauch dazugeben und kurz dünsten ➟ Tomaten dazugeben und dünsten, bis viel Flüssigkeit verdampft ist ➟

Peproni untermengen und kurz dünsten ➠ Fleisch und Wurststücke dazugeben, gut vermengen ➠ Tomatensaft darüber gießen, etwas Brühe dazugeben ➠ kurz zum Kochen bringen, dann bei schwacher Hitze ca. 8 bis 10 Minuten köcheln lassen ➠ abschmecken und heiß mit Reis oder Nudel servieren.

❂❂❂❂❂❂❂❂❂❂❂

Variante 3

Zutaten:

1 kg Ochsenschwanz, zerkleinern, waschen und abtropfen lassen
2 Gewürzwurst, in Ringe schneiden
1 Tasse gekochte Kichererbsen
1 Zwiebel, hacken
2 Knoblauchzehen, zerdrücken
3 bis 4 grüne und rote lange milde Peperoni, Stielansätze entfernen, der Länge nach halbieren, Samen entfernen und zerkleinern
1 Esslöffel Sojasoeß
1 Tasse Tomatensaft
Salz
Pfeffer
Butter oder Öl

So wird es gemacht:

☺ Ochsenschwanzstücke, Salz und Pfeffer in einem Topf geben ➠ mit Wasser bedecken und gar kochen ➠ ochsenschwanzstücke aus die Brühe nehmen, Fleisch vom Knochen lösen und beiseite stellen.

☺ Butter oder Öl in einer Pfanne erhitzen ➠ Zwiebeln dazugeben und glasig dünsten ➠ Knoblauchpaste untermengen und dünsten ➠ Peperonistücke dazugeben und glasig dünsten ➠ Sojasoße und Wurstscheiben danzugeben und einige Minuten Braten ➠ Tomatensaft darüber geben und zum Kochen bringen, Fleischstücke dazugeben ➠ abschmecken und 6 bis 7 Minuten köcheln lassen ➠

gekochte Kichererbsen dazugeben ➟ abschmecken und heiß mit Reis servieren.

❂❂❂❂❂❂❂❂❂❂

Caldereta

Schmorbraten mit Tomatensoße und Oliven

Zutaten:

1 kg Fleisch, in Würfeln schneiden, waschen und abtropfen lassen
4 bis 5 grüne und rote lange milde Peperoni, Stielasätze entfernen, der Länge nach halbieren, Samen entfernen, vierteln und un Streifen schneiden
1 bis 2 Chilischoten, Stielansätze entfernen, der Länge nach halbieren, Samen entfernen und hacken
3 bis 4 Tomaten, Haut anritzen, mit kochendem Wasser überbrühen, Haut abziehen, halbieren, Samen entfernen und hacken
1½ Esslöffel Tomatenmark
1/2 Tasse grüne und schwarze Oliven, entkernen
2 großen Zwiebeln, hacken
2 Knoblauchzehen, fein hacken oder mit etwas Salz zerdrücken
2 bis 3 Esslöffel Sahne
4 Esslöffel geriebene Käse
1/2 Esslöffel Mehlstärke
1/2 Teelöffel milde Paprikapulver
je 1 Tasse Wasser und Brühe
1 Esslöffel Sojasoße
Salz
Pfeffer
Olivenöl

So wird es gemacht:

☺ Fleischstücke in eine Schale geben ➟ Sojasoße, Salz und Pfeffer darüber geben und einige Stunden ziehen lassen. Zwischendurch wenden.

☺ Fleischstücke mit Marinade in einem Topf geben und fast gar kochen ➟ durch ein Sieb geben und abtropfen lassen ➟

Brühe aufbewahren.
☺ Öl in einer großen Pfanne erhitzen ➟ Zwiebeln dazugeben und glasig dünsten ➟ Knoblauch dazugeben und kurz dünsten ➟ Tomaten untermengen, salzen, pfeffern und dünsten, bis viel Flüssigkeit verdampft ist ➟ Fleischstücke dazugeben und gut vermengen ➟ Brühe und Wasser darüber gißen, köcheln lassen, bis die Fleischstücke gar sind ➟ Tomatenmark in die Soße lösen ➟ Oilven, Paprikapulver und Peperoni dazugeben und Rühren ➟ köcheln lassen, bis die Gemüse weich ist und die Soße dicker wird. Eventtuel mit Mehstärke andicken ➟ heiß mit Reis servieren.

❂❂❂❂❂❂❂❂❂❂❂

Gekochte und gebratene Foten

Zutaten:

1 kg Foten (Sorte nach Belieben), waschen und abtropfen lassen
2 bis 3 Esslöffel Sojasoeß
1 Esslöffel brauner Zucker
4 bis 5 Knoblauchzehen, hacken
1 Sellerie, zerkleinern
1 Zwiebel, vierteln
1/2 Teelöffel Pfefferkörner
Salz
Öl

Zutaten für die Soße:

1 Knoblauchzehe, mit etwas Salz zerdrücken
1/2 Chilischote, fein hacken
1 Esslöffel Sojasoße
3 Esslöffel Essig
1 Teelöffel Fischsoße

☺ Alle Zutaten für die Soße in eine Schale geben und gut verrühren, mit Fischsoße und Sojasoße abschmecken und beiseite stellen.

So wird es gemacht:

☺ Foten in einem Topf geben ➟ Zucker und Sojasoße gut verrühren ➟ über die Foten geben ➟ Foten in die Marinade wälzen und ca. 30 Minuten ziehen lassen ➟ reichlich Wasser darüber geben ➟ die restlichen Zutaten (außer Knoblauch) dazugeben und gar kochen ➟ Foten aus dem Topf nehmen und gut abtropfen lassen.
☺ Öl in einer Pfanne erhitzen ➟ Foten dazugeben und knusprig Braten ➟ auf einen Servierteller geben.
☺ Knoblauch in Öl dünsten, bis sie Farbe annehmen ➟ über die gebratenen Foten geben und heiß mit Soße servieren.

❂❂❂❂❂❂❂❂❂❂❂

Fischgerichte

Paksiw na isda

Fisch mit Kokosnuss und Knoblauch

Zutaten:

1 kg Fisch, in Stücke schneiden, waschen, abtropfen lassen, mit Salz bestreuen und beiseite stellen
1 Tasse Kokosnussmilch (siehe Seite 6)
2 bis 3 Knoblauchzehen, mit etwas Salz zerdrücken
2 bis 3 Zwiebeln, hacken
Salz
Etwas Essig

So wird es gemacht:

☺ Kokosnussmilch, Knoblauch, Zwiebeln, Salz und etwas Essig in einem Topf geben und gut verrühren ➟ Fischstücke dazugeben und zum Kochen bringen, dann bei schwacher Hitze 8 bis 10 Minuten köcheln lassen, bis die Fischstücke gar sind.

****

Variante 2

Zutaten:

1 kg Fisch, in Stücke schneiden, waschen, abtropfen lassen, mit Salz bestreuen und beiseite stellen
1 Chilischote, Stielansatz entfernen, der Länge nach halbieren, Samen entfernen und fein hacken
2 bis 3 cm Ingwerwurzel, zerdrücken
2 bis 3 Esslöffel Essig
1 Aubergine, Stielansatz entfernen und in Würfeln schneiden
1/2 Tasse frische Erbsen
1 Tasse Wasser
Pfeffer

Fischsoße

So wird es gemacht:

☺ Auberginen und Erbsen in einem Topf geben ➟ Fischstücke darüber verteilen ➟ Essig, Ingwerwurzel, Chili, Pfeffer, Fischsoße und 1 Tasse Wasser in eine Schale geben und gut verrühren ➟ über das Gericht geben und zum Kochen bringen, dann bei schwacher Hitze köcheln lassen, bis die Gemüse und die Fischstücke gar sind ➟ mit Fischsoße abschmecken und heiß servieren.

****

Fisch mit Kokosnuss und Ingwer

Zutaten:

250 g frisches Fischfiles (Sorte nach Belieben), waschen, abtrocknen und in feine Streifen schneiden
1 kleine Kokosnuss, nur das weiße Fruchtfleisch reiben
1 bis 2 cm Ingwerwurzel, fein hacken
2 Schalotten, fein hacken
7 bis 8 Esslöffel Essig
1 Teelöffel Pfefferkörner, zerdrücken
Chilipulver
Salz
Öl

So wird es gemacht:

☺ Geriebene Kokosnuss und Essig in eine Schale geben und mit einen Schneebesen gut verrühren ➟ Kokosnuss-Essigmischung auspressen und die Flüssigkeit in eine auffangen ➟ alle anderen Zutaten (außer Fischstreifen) dazugeben und gut vermengen ➟ mit Salz und Chilipulver abschmecken.

☺ Öl in einer Pfanne erhitzen ➟ Fischstreifen dazugeben und braten, dann aus der Pfanne nehmen, in die Soße geben und gut vermengen ➟ auf einen Servierteller geben und sofort servieren.

****

Fisch, süß-sauer

Zutaten:

500 g Fische oder Fischfiltes, waschen, abtropfen lassen, mit Salz bestreuen und beiseite stellen
1 Karotte, schaben und in dünne Ringe schneiden
1 lange milde Peperoni, Stielansatz entfernen, der Länge nach halbieren, Samen entfernen, vierteln und in feine Streifen schneiden
2 Knoblauchzehen, mit etwas Salz zerdrücken
2 Zwiebeln, fein hacken
1 cm Ingwerwurzel, fein hacken oder zerdrücken
1 bis 2 Esslöffel Limettensaft
1/2 Teelöffel Pfefferkörner, zerdrücken
1 Teelöffel Mehlstärke in 2 bis 3 Esslöffel Wasser lösen
1 Esslöffel Sojasoße
4 Esslöffel Essig
4 Esslöffel Zucker
2 Esslöffel Ananassaft
ca. 1 Tasse Wasser
Salz
Öl

So wird es gemacht:

☺ Fische oder Fischfiltes in eine Schale geben ➟ Limettensaft und Pfeffer darüber geben und ca. 30 Minuten ziehen lassen.
☺ Öl in einer Pfanne erhitzen ➟ Fisch dazugeben und Braten ➟ aus der Pfanne nehmen und warm halten.
☺ Das überschüssigem Öl aus der Pfanne entfernen ➟ Zwiebeln dazugeben und glasig dünsten ➟ Knoblauch und Ingwewurzel untermengen und kurz dünsten ➟ Karotten dazugeben und fast gar dünsten ➟ alle anderen Zutaten (außer Fisch) dazugeben ➟ gut verrühren und zum Kochen bringen, dann bei schwacher Hitze köcheln lassen, bis die Soße dicker wird ➟ Fische in die Soße geben und einige Minuten erhitzen ➟ abschmecken und heiß servieren.

Gekochte Fisch in Kokosnusssoße

Zutaten:

500 g verschiedene Fischfiltesstücke, waschen und abtropfen lassen
1 Tasse Kokosnussmilch (siehe Seite 6)
1 kleine Zwiebel, in Ringe schneiden
1 Tomate, hacken
Chilipulver
1 Teelöffel Fischsoße
1/2 Tasse Wasser

So wird es gemacht:

☺ Wasser, Tomaten, Zwiebeln, Chilipulver und Fischsoße in einer Pfanne geben und zum Kochen bringen ➟ Fischfilets dazugeben und kochen, bis sie fast gar sind ➟ Kokosnussmilch darüber gießen ➟ köcheln lassen, bis die Fischstücke gar sind und die Kokosnussmilch ölig wird ➟ vom Herd nehmen und heiß mit Reis servieren.

****

Gebratene Fisch mit Eiersoße

Zutaten:

1 kg Fische, in Stücke schneiden, waschen, abtropfen lassen, mit Salz bestreuen und beiseite stellen
2 Eier, aufschlagen, in eine Schale geben und verrühren
2 Knoblauchzehen, mit etwas Salz zerdrücken
1 Zwiebel, hacken
2 großen Tomaten, Haut anritzen, mit kochendem Wasser überbrühen, Haut abziehen, halbieren, Samen entfernen und hacken
Salz und Pfeffer
Ca. 1 Tasse Wasser

Öl

So wird es gemacht:

☺ Tomaten und Zwiebeln in einen Elektromixer püriren.
☺ Öl in einer Pfanne erhitzen ➟ Fischstücke dazugeben und knusprig Braten ➟ aus der Pfanne nehmen und warm halten.
☺ In der gleichen Pfanne Knoblauch kurz dünsten ➟ Tomaten-Zwiebelnpürree dazugeben und gut verrühren ➟ salzen und pfeffern ➟ kurz brodeln lassen ➟ Wasser darüber gießen, abschmecken und zum Kochen bringen ➟ vom Herd nehmen, über die Eier gießen und verrühren ➟ Soße die die gebratenen Fischstücke geben und servieren.

****

Fisch in Tamarindesoße

Zutaten:

500 g kleine Thunfische (oder ein andere Sorte aus der Familie der Thunfisch), waschen, abtropfen lassen, mit Salz bestreuen und beiseite stellen
100 g Tamarinde
1 Chilischote, Stielansatz entfernen, der Länge nach halbieren, Samen entfernen und fein hacken
2 bis 3 Knoblauchzehen, halbieren
1 Zwiebel, in Ringe schneiden
2 bis 3 cm Ingwerwurzel, fein hacken oder Zerdrücken
1/2 Tasse Wasser
1/2 Tasse Wasser für die Tamarinde
2 bis 3 Esslöffel Schmalz
Salz
Pfeffer

So wird es gemacht:

☺ 1/2 Tasse Wasser in einem Topf geben ➟ Tamrindestücke mit dem Fingern pressen und zum Wasser geben ➟ zum Kochen bringen und einige Minuten brodeln lassen ➟ Tamarindewasser durch ein Sieb geben und Flüssigkeit auffangen, dann die im Sieb befindlichen Tamarinde durchpressen und mit die Flüssigkeit vermengen.

☺ Schmalz in einer großen Pfanne geben und langsam schmelzen lassen ➟ Fische neben einander in die Pfanne legen ➟ alle anderen Zutaten darübe geben und zum Kochen bringen, dann bei schwacher Hitze ca. 25 Minuten köcheln lassen, bis die Fische gar sind ➟ heiß mit Reis servieren.

****

Gedämpfter Fisch

Zutaten:

1 großes Fisch, mit einem Scharfen Messer halbieren, die mittleren Gräten entfernen, waschen und abtrocknen
1 Zwiebel, hacken
2 bis 3 Tomaten, hacken
Saft eine Zitrone
Salz
Pfeffer
Etwas Öl
Bananenblätter (Ersatzweise Alufolie)

So wird es gemacht:

☺ Bananenblatt oder großen Alufolie auf die Arbeitsplatte verbreiten und mit etwas Öl reiben ➟ ein Fischhälte darauf legen ➟ mit Zitronensaft reiben, dann mit Salz und Pfeffer bestreuen ➟ Tomaten und Zwiebeln darauf verteilen ➟ die zweite Hälfte das Fisches mit Zitronensaft reiben und auf die anderen Hälfte legen ➟ in Alufolie gut umhüllen und in einen Dampftopf, oder wie auf Seite 8, Abb. 1 und 2 beschrieben garen.

****

Variante 2

Zutaten:

1 großes oder 2 mittelgroße Fische, waschen, abtrocknen, mit Salz bestreuen und beiseite stellen
2 cm ingwewurzel, in Streifen schneiden
1 cm Ingwerwurzel, hacken
3 Knoblauchzehen, hacken
1 Bund Koriander, Blätter waschen
2 bis 3 Esslöffel Sojasoße
1 Esslöffel Austersoße
1 Esslöffel Tomatenmark, in 1/4 Tasse Wasser lösen
2 Esslöffel brauner Zucker
Öl
Alufolie

So wird es gemacht:

☺ Ingwerstreifen in die Fische füllen ➟ Alufolie mit etwas Öl reiben und die Fische (einzeln) damit gut hüllen, dann dämpfen (siehe Seite 8, Abb. 1 und 2).

☺ Gelöste Tomatenmark, Austersoße, Sojasoße und Zucker in einem Topf geben und langsam zum Kochen bringen, dabei Rühren, bis der Zucker gelöste ist ➟ bei schwacher Hitze köcheln lassen. Inzwischen, etwas Öl in einer Pfanne erhitzen ➟ Knoblauch und Ingwerwurzel dazugeben und dünsten, bis sie Farbe annehmen ➟ Koriander untermengen und kurz dünsten ➟ in die Soße geben ➟ abschmecken und vom Herd nehmen. Falls die Soße sehr dickflüssig ist, mit etwas Wasser verdünnen.

☺ Das fertig gegarten Fische auf einen Servierteller geben ➟ Soße darüber gießen und heiß servieren.

****

Gebackene Fisch mit Spinatsoße

Zutaten:

1 große Fisch (z.B. Barsch), waschen und abtrocknen
250 g Spinatblätter, waschen und abtropfen lassen
1 Zwiebel, hacken
Zitronensaft
20 bis 30 g Mehl
1/2 Liter Wasser
Salz
Pfeffer
Butter
Öl

So wird es gemacht:

☺ Backofen auf 200°C vorheizen.
☺ Fisch mit Zitronensaft reiben ➞ salzen und pfeffern ➞ in einen Auflaufform geben ➞ 1 bis 2 Esslöffel Butter darüber geben und gar Backen.
☺ Spinatblätter blanchieren ➞ in ein Sieb geben und abtropfen lassen ➞ Kochwasser auffangen ➞ Spinatblätter hacken.
☺ Etwas Öl in einer Pfanne erhitzen ➞ Zwiebeln dazugeben und glasig dünsten ➞ salzen und pfeffern ➞ Mehl dazugeben und gut vermengen ➞ ca. 1/2 Liter Spinatwasser nach und nach dazugeben und mit eine Schneebesen gut verrühren. Falls die Soße sehr dickflüssig ist, etwas Wasser dazugeben ➞ gehackte Spinat dazugeben ➞ abschmecken ➞ in eine Servierschale geben und neben das gebackene Fisch stellen.

****

Gekochte Fisch in Kokosnussmilch

Zutaten:

1 große Fisch (über 1 kg), Kopf entfernen, der Länge nach mit einem scharfen Messer halbieren, das mittlere Grätenteil entfernen, waschen, abtrocknen, mit Salz bestreuen und beiseite stellen
3 Tasse Kokosnussmilch (siehe Seite 6)
1 Kohlkopf, in kochendem Wasser kurz geben, damit die Blätter weich werden, zerlegen und die harten Stellen abschneiden
3 Zwiebeln, hacken
4 Tomaten, hacken
4 bis 5 Knoblauchzehen, fein hacken
2 cm Ingwerwurzel, in Streifen schneiden oder hacken
3 bis 4 Esslöffel Essig
Salz
Pfeffer

So wird es gemacht:

☺ Mehrere Kohlblätter auf einen Arbeitsplatte verbreiten (die Blätter überlappen) ➡ 1 Fischstück darauf legen ➡ salzen und pfeffern.

☺ Tomaten, Knoblauch und Zwiebeln in eine Schale geben ➡ salzen und pfeffern ➡ gut vermengen und auf das Fischfilets geben ➡ das zweite Fischfilets darauflegen und das ganze in Kohlblätter wickeln und mit Faden festbinden ➡ gefüllte Kohlblätter in einem Topf geben ➡ Ingwerwurzel und Essig dazugeben ➡ Kokosnussmilch darüber gießen ➡ kurz zum Kochen bringen, dann bei schwacher Hitze garen ➡ abschmecken und heiß mit Reis servieren.

****

Kalamares in Knoblauchsoße

Zutaten:

500 Kalamares, säubern, würfeln, waschen und abtropfen lassen
6 bis 7 Knoblauchzehen, mit etwas Salz zerdrücken
2 cm Ingwerwurzel, zerdrücken
3 Esslöffel Austersoße
1 Esslöffel Sojasoße
1 Bund Koriander, Blätter waschen und hacken
Fischsoße (zum Abschmecken)
Öl

So wird es gemacht:

☺ Öl in einer Pfanne erhitzen ➡ Knoblauch dazugeben und kurz dünsten ➡ Ingwer, etwas Koriander, Sojasoße und Austersoße darüber geben und gut verrühren ➡ Kalamaris dazugeben und in die Soße garen ➡ in eine Servierschale geben ➡ mit die restlichen Korianderblätter garnieren und heiß servieren.

****

Adobong Pusit

Zutaten:

500 g Kalamares, säubern, waschen und abtropfen lassen
1 große Tomate, halbieren und in Streifen schneiden
4 bis 5 Knoblauchzehen, mit etwas Salz zerdrücken
1 Zwiebel, hacken
1 bis 2 cm Ingwerwurzel, fein hacken
1 bis 2 Esslöffel Essig
1 Esslöffel Austersoße
1/4 Tasse Wasser
je 1 Prise Zucker und Salz
Pfeffer
Öl

So wird es gemacht:

☺ Etwas Öl in einer Pfanne erhitzen ➟ Knoblauch und Ingwer dazugeben und dünsten ➟ Kalamares dazugeben und rundherum fast gar Braten ➟ Austersoße und etwas Essig darüber geben und garen ➟ aus der Pfanne nehmen und warm halten.

oder

Kalamares, Essig, Pfeffer, Salz und die Hälfte das zerdrückten Knoblauch in einem Topf geben ➟ mit Wasser bedecken und gar kochen ➟ aus dem Topf nehmen und abtropfen lassen. Brühe aufbewahren.

☺ In die gleichen Pfanne Zwiebeln und Tomaten dazugeben und garen ➟ 1/4 Tasse Wasser darüber geben und einige Minuten brodeln lassen ➟ Prise Zucker und Salz dazugeben ➟ Kalamares in die Soße geben und kurz erhitzen ➟ heiß mit Reis servieren.

****

Gefülte Fisch

Zutaten:

2 große Fische, zum Füllen vorbereiten:

① Mit einem Messer die Schuppen entfernen

② Flossen abschneiden

③ Mit ein Holzhammer rundherum klopfen, damit der Fleisch vom Haut löst

④ Der Schwanz nach links und rechts knicken, damit die Ende vom Wirbelsäule (Krettenende) abbricht

⑤ Der Kopf fast abschneiden und von der Öffnung her die innere und die Gräten mit dem Fleisch rausziehen, das Fleisch und Gräten beiseite stellen

1 Zwiebel, hacken

1 bis 2 Knoblauchzehen, mit etwas Salz zerdrücken

4 Esslöffel Rosinen ohne Kerne

Limettensaft

1 große Karotte, schaben und fein hacken

1 bis 2 lange milde Peperoni, Stielansatz entfernen, der Länge nach halbieren, Samen entfernen und hacken
1/4 Tasse frische Erbsen
1 große Kartoffel, schälen, in kleine Würfel schneiden, waschen und abtropfen lassen
1 Tomate, hacken
1 Ei, aufschlagen, in eine Schale geben und verrühren
1 Esslöffel Sojasoße
Austernsoße
1 Esslöffel Mehl
Salz und Pfeffer
Öl

So wird es gemacht:

☺ Sojasoße, Austernsoße, Limettensaft, Salz und Pfeffer in eine Schale geben und gut verrühren ➟ die ausgenommenen Fischhäute in die Marinade geben, gut wälzen und beiseite stellen ➟ ca. 30 Minuten ziehen lassen.
☺ 1/4 bis 1/2 Tasse Wasser in einen Topf zum Kochen bringen ➟ etwas Salz und das Fischfleisch dazugeben ➟ kochen lassen, bis das Fleisch weiße Farbe annimmt ➟ Fleisch aus dem Sud nehmen und abtropfen lassen ➟ Fleisch vom Gräten lösen, zerkleinern und beiseite stellen ➟ Sud durch ein Sieb geben und beiseite stellen.
☺ Etwas Öl in einer Pfanne erhitzen ➟ Zwiebeln dazugeben und glasig dünsten ➟ Knoblauch dazugeben und kurz dünsten ➟ Tomaten untermengen und dünsten, bis viel Flüssigkeit verdampft ist ➟ Sojasoße, Marinade die man die Häute eingelegt hat, Salz und Pfeffer dazugeben und gut verrühren ➟ etwas Sud darüber geben und zum Kochen bringen ➟ die Gemüssorten nach und nach dazugeben (die Sorte die längeren Zeit zum kochen braucht zu erst) und garen ➟ Fischstücke und Rosinen untermengen ➟ kurz erhitzen ➟ abschmecken ➟ vom Herd nehmen und abkühlen lassen ➟ Ei und Mehl darüber geben und gut vermengen.

☺ Fischhäute mit der Füllung füllen ➟ Öl in einer Pfanne erhitzen und die gefüllten Fisch rundherum goldbraun Braten ➟ heiß servieren.

****

Krabben in Kokosnussmilch

Zutaten:

1 kg großen Krabben, Schalen entfernen, gründlich waschen und abtropfen lassen
1 bis 2 lange milde Peperoni, Stielansätze entfernen, der Länge nach halbieren, Samen entfernen und hacken
2 bis 3 Knoblauchzehen, mit etwas Salz zerdrücken
1 Zwiebel, halbieren und in Streifen schneiden
Austersoße
Sojasoße
2 Tassen Kokosnussmilch (siehe Seite 6)
Salz
Pfeffer

So wird es gemacht:

☺ Krabben in eine Schale geben ➟ Sojasoße, Austersoße, Salz und Pfeffer darüber geben und gut vermengen ➟ 25 bis 30 Minuten ziehen lassen.
☺ Öl in einen Topf erhitzen ➟ Zwiebeln dazugeben und glasig dünsten ➟ Knoblauch dazugeben und kurz dünsten ➟ Peperoni untermengen und kurz dünsten ➟ salzen und pfeffern ➟ Kokosnussmilch darüber gießen, kurz zum Kochen bringen, dann bei schwacher köcheln lassen, bis ein Teil die Flüssigkeit verdampft ist ➟ Krabben mit Marinade dazugeben und köcheln lassen, bis die Krabben ihre Farbe ändert ➟ in eine Schale geben und servieren.

****

Reis- und Nudelgerichte und regionale Spezialitäten

Reis kochen Grundrezept

Zutaten:

1 Tasse Langkornreis
1 Teelöffel Salz
2 Tassen Wasser

So wird es gemacht:

☺ Reis in kaltem Wasser waschen ➟ in einen Topf geben ➟ 2 Tassen kaltes Wasser darüber gießen ➟ Salz dazugeben und Rühren ➟ kurz aufkochen lassen, dann bei schwacher Hitze köcheln lassen, bis die Flüssigkeit verdampft und der Reis gar und trocken ist (20 bis 25 Minuten) ➟ heiß zu Gemüse-, Fleisch- oder Fischgerichte.

****

2. Variante

Zutaten:

1 Tasse Langkornreis
1 Teelöffel Salz
2 Esslöffel Öl, Butter oder Margarine
2 Tassen Wasser

So wird es gemacht:

☺ Reis in kaltem Wasser waschen und in einem Sieb geben und abtropfen lassen ➟ Öl, Butter oder Margarine in einem Topf erhitzen ➟ Reis dazugeben ➟ unter Rühren anrösten ➟ 2 Tassen kaltes Wasser und Salz dazugeben ➟ umrühren und kurz aufkochen lassen, dann bei schwacher Hitze 20 bis

25 Minuten köcheln lassen, bis die Flüssigkeit verdampft und der Reis gar und trocken ist ➟ heiß servieren.

❄❄❄❄❄❄❄❄❄❄

Philippinische Paella

Zutaten:

1 Tasse Langkornreis, waschen und abtropfen lassen
1 Tasse Bruchreis oder Klebrigerreis (Malagkit), waschen und abtropfen lassen
ca. 4½ Tassen Wasser, oder Wasser und Brühe
1 Zwiebel, hacken
1 Knoblauchzehe, mit etwas Salz zerdrücken
2 bis 3 Tomaten, Haut anritzen, mit kochendem Wasser überbrühen, Haut abziehen, halbieren, Samen entfernen und hacken
1/4 Tasse Tomatensaft
1 Esslöffel Tomatenmark in 1/4 Tasse Wasser lösen
2 bis 3 Safranfäden, in 1 Esslöffel warmes Wasser lösen. Ersatzweise 1/4 Teelöffel Kurkuma
1/2 Esslöffel Fischsoße
Salz und Pfeffer
Paprikapulver
Öl
150 g Fleisch, in kleine Würfel schneiden
150 g Hähnchenbrust, in kleine Würfel schneiden
1 Gewürzwurst, in Streifen schneiden, dann zerkleinern
2 bis 3 kleine Kalamares, säubern und in kleine Stücke schneiden
100 g Krabbenfleisch
10 Muschel
2 bis 3 lange milde Peperoni, Stielansatz entfernen, der Länge nach halbieren, Samen entfernen und zerkleinern
75 bis 100 g frische grüne Erbsen
1 bis 2 hart gekochte Eier, schälen und in Ringe schneiden
1 Bund Lauchzwiebel, hacken
1 Limette, in Ringe schneiden

So wird es gemacht:

☺ Reis, Wasser (oder Wasser und Brühe), 1 Teelöffel Salz und Safranwasser oder Kurkuma in einen Topfe geben und gut verrühren ➟ Topf zudecken und kurz zum Kochen bringen, dann bei schwacher Hitze 20 bis 25 Minuten köcheln lassen, bis der Reis gar und trocken ist ➟ vom Herd nehmen und beiseite stellen.

☺ Öl in einen großen Pfanne erhitzen und folgenden Zutaten salzen, pfeffern und einzeln Braten, aus der Pfanne nehmen und beiseite stellen:

Fleischwürfel, Hähnchenfleisch, Wurststücke, Kalamares und Krabbenfleisch.

☺ In der gleichen Pfanne Zwiebeln glasig dünsten ➟ Knoblauch dazugeben und kurz dünsten ➟ Tomaten untermengen und dünsten, bis viel Flüssigkeit verdampft ist ➟ Tomatensaft, gelöste Tomatenmark, Fischsoße, Paprikpulver und Pfeffer dazugeben und gut verrühren ➟ Muscheln dazugeben und 4 bis 5 Minuten kochen lassen, bis die Muschel aufgehen ➟ Muschel rausnehmen, die harten Schalen entfernen und Muschelfleisch beiseite stellen ➟ Peperoni und Erbsen in die Soße geben und einige Minuten garen ➟ alle anderen Zutaten (außer Reis) dazugeben ➟ gut vermengen und abschmecken ➟ gekochte Reis dazugeben und gut vermengen ➟ Paella mit Lauchzwiebeln, Eiringe und Limettenscheiben garnieren und heiß servieren.

Vermerk:

Auf einigen philippnischen Insel benutzt man für die Paella Schweinefoten statt die oben genannten Fleischsorten.

Falls man Foten verwenden möchte:

① Foten in reichlich Salzwasser halbgar kochen ➟ Sud abgießen.

② Einige Knoblauchzehe und Wasser über die Foten geben und gar kochen ➟ aus dem Sud nehmen und abtropfen lassen ➟ Fleisch vom Knochen lösen und zerkleinern ➟ Sud durch ein Sieb geben und auffangen. ③ Öl in einem Topf erhitzen ➟ Zwiebeln und Knoblauch dazugeben und dünsten ➟ Reis dazugeben und gut vermengen, dann einige Minuten Braten. Dabei Rühren, damit der Reis nicht am Topfboden klebenbleibt und verbrennt ➟ Fleischstücke, Wurststücke, Safran oder Kurkuma, Paprikapulver, etwas Fischsoße und Sud und/ oder Wasser darüber geben (für 1 Tasse Reis braucht man ca. 2 Tassen Wasser oder/und Sud) ➟ salzen ➟ Topf zudecken und kurz zum kochen bringen, dann bei schwacher Hitze ca. 10 Minuten köcheln lassen ➟ Gemüse über den Reis verteilen ➟ Topf zudecken und 10 bis 15 Minuten köcheln lassen, bis der Reis gar und trocken ist ➟ Topfinhalt gut vermengen ➟ mit Lauchzwiebeln garnieren und heiß servieren.

****

Arroz ala Cubana

Philippinische Reis auf kubanische Art

Zutaten für den Reis:

1½ Tassen Reis, waschen und abtropfen lassen
3 Tassen Wasser und Brühe
1 Knoblauchzehe, mit etwas Salz zerdrücken
1 kleine Zwiebel, fein hacken
1 Teelöffel Salz
Butter

Die restlichen Zutaten:

500 g Hackfleisch
2 bis 3 Knoblauchzehen, mit etwas Salz zerdrücken
2 bis 3 Schalloten, halbieren und in feine Streifen schneiden
6 bis 7 Esslöffel Tomatensaft
4 Kochbananen (Plantain), schälen und in Ringe schneiden
6 Eier
Salz

Pfeffer
Öl oder Butter

So wird es gemacht:

☺ Reis kochen:

Etwas Butter in einem Topf zerlassen ➟ Zwiebeln dazugeben und glasig dünsten ➟ Knoblauch untermengen und kurz dünsten ➟ Reis dazugeben und gut vermengen ➟ Salz, Wasser und Brühe darüber gießen ➟ umrühren ➟ Topf zudecken und kurz zum Kochen bringen, dann bei schwacher Hitze 20 bis 25 Minuten köcheln lassen, bis der Reis gar und trocken ist. In Zwischenzeit, die restlichen Zutaten kochen.

☺ Etwas Öl oder Butter in einer Pfanne erhitzen ➟ Hackfleisch dazugeben, salzen und pfeffern ➟ Braten, bis die Fleischstücke Farbe annehmen ➟ Tomatensaft darüber geben und gut vermengen ➟ abschmecken ➟ aus der Pfanne nehmen und warm halten.

☺ In der gleichen Pfanne Kochbananen Braten ➟ aus der Pfanne nehmen und warm halten.

☺ Eier aufschlagen und einzeln Braten ➟ warm halten.

☺ Gekochter Reis in tiefen Tellern geben ➟ Hackfleisch und Kochbananen rund um den Reis geben ➟ ein Ei darauf legen und heiß servieren.

Vermerk:

Man kann auch Kartoffeln fritieren und dazu servieren.

****

Bringhe
Reis in Kokosnussmilch

Zutaten:

100 g Fleisch, in Streifen schneiden, würfeln, waschen und abtropfen lassen
500 g Hähnchenfleisch, würfeln, waschen und abtropfen lassen
1 Gewürzwurst, in Streifen schneiden, dann zerkleinern
1 Tasse Langkornreis, waschen und abtropfen lassen
1/2 Tasse Bruchreis oder Klebrigerreis (Malagkit), waschen und abtropfen lassen
1 Tasse Brühe
2 Tassen Kokosnussmilch (siehe Seite 6)
2 bis 3 Esslöffel Butter oder Schmalz
1/2 Teelöffel Kurkuma
1 Lorbeerblatt
1 Knoblauchzehe, mit etwas Salz zerdrücken
1 Zwiebel, hacken
Salz und Pfeffer
Fischsoße und Essig, zum abschmecken
Falls möglich, Bananenblätter

So wird es gemacht:

☺ Butter oder Schmalz in einem Topf zerlassen ➡ Zwiebeln dazugeben und glasig dünsten ➡ Knoblauch untermengen und kurz dünsten ➡ Fleisch, Wurst, Salz, Pfeffer, Kurkuma und Lorbeerblatt darüber geben ➡ gut vermengen und langsam Braten, bis die Fleischstücke Farbe annehmen ➡ Reis untermengen ➡ Brühe und Kokosnussmilch darüber gießen ➡ mit Fischsoße und Essig abschmecken ➡ (Eventuell Bananenblätter darauf legen) ➡ Topf zudecken und kurz zum Kochen bringen, dann bei schwacher Hitze 20 bis 25 Minuten köcheln lassen, bis der Reis gar und trocken ist ➡ heiß servieren.

Man kann auch die Bringhe wie folgt Kochen:

① Butter oder Schmalz in einem Topf zerlassen ➟ etwas Knoblauch dazugeben und kurz dünsten ➟ beide Sorten Fleisch dazugeben und langsam Braten, bis die Fleischstücke braun sind ➟ etwas Kurkuma darüber geben und gut vermengen, dann mit Fischsoße, Pfeffer und Essig abschmecken, mit einer Schaumkelle aus dem Topf nehmen und beiseite stellen.

② Zwiebeln in den selben Topf geben und glasig dünsten ➟ die restlichen Knoblauch untermengen und kurz dünsten ➟ Lorbeerblatt, Kokosnussmilch, Brühe und Kurkuma dazugeben und Rühren ➟ Reis in die Flüssigkeit geben ➟ salzen ➟ Topf zudecken und kurz zum Kochen bringen, dann bei schwacher Hitze 10 bis 15 Minuten köcheln lassen.

③ Der Boden einen anderen Topf mit Bananenblätter bedecken ➟ eine Schicht Reis darauf verteilen, dann die Hälfte die gebratenen Fleischstücke darauf geben, dann der restlichen Reis darauf verteilen und die restlichen Fleisch darauf verteilen ➟ Topf zudecken und auf das noch heiße Platte stellen ➟ ca. 10 Minuten köcheln lassen, bis der Reis gar und trocken ist, dann in eine Servierschale geben, gut vermengen und heiß servieren.

❄❄❄❄❄❄❄❄❄❄

Reisnudel mit Broccoli

Zutaten:

1 Päckchen Reisnudel, in warmem Wasser ca. 30 Minuten legen, in ein Sieb geben und abtropfen lassen
250 g Broccoli, zerlegen, zerkleinern, waschen, in kochendem Wasser ca. 2 Minuten blanchieren, in ein Sieb geben und abtropfen lassen
100 bis 150 g Fleisch, in dünne Streifen scheiden, dann die Streifen zerkleinern
3 bis 4 Knoblauchzehen, fein hacken
1 Teelöffel Maismehl, in 3 bis 4 Esslöffel Wasser lösen
1 Esslöffel Austersoße
1 bis 2 Teelöffel Sojasoße oder gelbe Bohnensoße
Fischsoße, zum abschmecken
Öl

So wird es gemacht:

☺ 2 bis 3 Esslöffel Öl in einer Pfanne erhitzen ➡ Nudeln dazugeben und 2 bis 3 Minuten Braten ➡ etwas Fischsoße darüber geben, gut vermengen, in eine Servierschale geben und warm halten.

☺ In die gleichen Pfanne 2 Esslöffel nachgießen ➡ Knoblauch dazugeben und dünsten, bis sie Farbe annehmen ➡ Fleisch dazugeben und 1 bis 2 Minuten Braten ➡ Broccoli dazugeben, gut vermengen und 2 Minute Braten ➡ Austersoße und Soja- oder braune Bohnensoße darübergeben, gut vermengen und 1 Minute dünsten ➡ gelöste Mehlstärke dazugeben, Rühren und 4 bis 5 Minuten garen ➡ Pfannenmischung über die Nudel geben und servieren.

❋❋❋❋❋❋❋❋❋❋

Reisnudel mit Basilikom

Zutaten:

500 g frische Reisnudel, in Streifen schneiden, dann in 2 bis 3 cm Streifen zerkleinern, oder 2½ Tassen getrocknete Reisnudel, kochen, in ein Sieb geben und abtropfen lassen
1/4 Tasse zerkleinerte Pfefferminzblätter
1/2 Tasse Basilikom
1 kleine Chilischote, Stielansatz entfernen, der Länge nach halbieren, Samen entfernen und fein hacken
1 bis 2 Knoblauchzehen, fein hacken
1 Tomate, klein hacken
250 g Hackfleisch
1 Teelöffel dunkle Sojasoße und 2 bis 3 Esslöffel Fischsoße in eine Schale geben und verrühren
1 Esslöffel Zucker und je Prise Pfeffer und Salz in eine Schale geben und vermengen
Öl

So wird es gemacht:

☺ 2 bis 3 Esslöffel Öl in einer Pfanne erhitzen ➡ Knoblauch dazugeben und goldbraun dünsten ➡ Chili dazugeben und einige Sekunden dünsten ➡ Hackfleisch dazugeben und Braten, bis sie Farbe annehmen. Dabei Rühren, damit die Fleischstücke auseinander gelöst werden ➡ Zuckermischung darüber streuen und vermengen ➡ Fischsoßenmischung darübergießen, gut vermengen und brodeln lassen (1 Minute) ➡ Reisnudel untermengen, in die Soße vermengen und ca. 1 Minute erhitzen ➡ die meisten Basilikom und Pfefferminze dazugeben und vermengen, garen bis die Blätter weich sind ➡ Tomaten dazugeben, gut vermengen und heiß servieren.

❄❄❄❄❄❄❄❄❄❄

Nachspeise

Milchreis in Rohrzucker-Panocha

Zutaten:

1 Tasse Milchreis, waschen, abtropfen lassen, mit Wasser bedecken und 1 Stunde stehen lassen
100 g Panocha. Ersatzweise dunkelbrauner Zucker
Etwas mehr als 1 Tasse Kokosnussmilch (siehe Seite 6)

So wird es gemacht:

☺ Milchreis in ein Sieb geben und abtropfen lassen ➟ Kokosnussmilch und Zucker in einen Topf geben und auf starke Flamme zum Kochen bringen, dabei rühren, bis der Zucker völlig gelöst ist ➟ Reis dazugeben und Rühren, auf mittlere Flamme kochen lassen, bis der Reis die meisten Flüssigkeit angesogen hat ➟ Topf zudecken und bei schwacher Hitze köcheln lassen, bis der Reis gar ist ➟ abkühlen lassen und am nächsten Tag servieren.

❄❄❄❄❄❄❄❄❄❄

Mehlbällchen

Zutaten:

1 Tasse Mehl, sieben
2 Tassen Wasser
1 Tasse brauner Zucker
Geriebene Kokosnuss
Gelbe Lebensmittelfarbe

So wird es gemacht:

☺ Mehl, Wasser, Zucker und Lebensmittelfarbe in eine Schale geben und gut verrühren ➟ Wasser in einem Topf zum Kochen bringen ➟ Teig löffelweise (Größe nach belieben) in das kochendem Wasser geben und ca. 15 Minuten garen ➟ Topf vom Herd nehmen ➟ Bällchen in Wasser 4 bis 5 Minuten ziehen lassen ➟ Bällchen aus dem Wasser nehmen, abtropfen lassen, in eine Schale geben und mit Kokosnussraspeln bestreuen und servieren.

****

Kochbananen mit Kokosnuss

Zutaten:

2 bis 3 Kochbananen
1 Kokosnuss, nur das weiße Fruchtfleisch raspeln
Braunerzucker (Panocha), zum Abschmecken

So wird es gemacht:

☺ Bananen in reichlich Wasser gar kochen, in ein Sieb geben und abtropfen lassen ➟ Bananen und Kokosnussraspeln in einen Elektromixer geben und püriren ➟ mit Zucker abschmecken und servieren. Falls man Panocha (Rohrzucker) verwenden möchte, muss vorher die Zuckerstücke zerdrücken.

****

Süßkartoffeln in Kokosnussmilch

Zutaten:

500 g Süßkartoffel, schälen, waschen und in Würfeln schneiden
3 bis 4 Kochbananen, schälen, der Länge nach halbieren und zerkleinern
3 Tassen Kokosnussmilch aus 2 Kokosnüsse herstellen (Siehe Seite 6)
100 g dunkel brauner Zucker (falls möglich, Panochzucker verwenden)
Prise Salz

So wird es gemacht:

☺ Kokosnussmilch und Zucker in einen Topf geben und zum Kochen bringen. dabei Rühren, bis der Zucker gelöst ist ➟ Süßkartoffeln und Bananen dazugeben und garen, dabei Rühren damit nicht am Topfboden klebt ➟ in eine Schale geben, abkühlen lassen und servieren.

❄❄❄❄❄❄❄❄❄❄❄

Reis mit Kokosnussmilch

Zutaten:

1 Tasse Milchreis, waschen und abtropfen lassen
1 Tasse Kokosnussmilch (sieh Seite 6)
1/2 Tasse Zucker
Prise Salz
1/2 Tasse dicke Kokosnussmilch und 1/4 Tasse brauner Zucker in eine Schale geben und verrühren

So wird es gemacht:

☺ Reis und 1 Tasse Kokosnussmilch in einen Topf geben ➟ Topf zudecken und bei mittlere Hitze kochen lassen, bis der Reis trocken ist ➟ Topf vom Herd nehmen ➟ Zucker und Prise Salz dazugeben und gut vermengen ➟ Topf auf die Herdplatte stellen und 4 bis 5 Minuten kochen.

☺ Einen Auflaufform mit Bananenblätter (oder Alufolie) bedecken ➟ das fertig gekochten Reis darüber geben und im Auflaufform verteilen ➟ mit einen Gabel pressen ➟ Kokosnuss-Zuckermischung darüber gießen und im Backofen unter die Heitzstäbe vom Elektrogrill goldbraun Backen.

❄❄❄❄❄❄❄❄❄❄❄

Kokosnussbällchen

Zutaten:

2 bis 2½ Tassen frisch geriebene Kokosnussfleisch
1 Tasse Zucker
1/4 Tasse Sahne oder Kondensmilch
2 Eier, aufschlagen, in eine Schale geben und verrühren

geriebene Limetten oder Zitronenschale
2 bis 3 Esslöffel Butter

So wird es gemacht:

☺ Kokosnussraspeln, Zucker und Sahne in einen Topf geben ➟ bei mittlere Hitze kochen lassen, dabei Rühren bis der Zucker gelöst ist und der Mischung dick wird ➟ vom Herd nehmen ➟ Butter und Eier untermengen und 4 bis 5 Minuten kochen lassen ➟ vom Herd nehmen und abkühlen lassen, dann in kleine Bällchen formen. Eventuell in durchsichtigem Papier hüllen.

****

Gebackene Cassava

Zutaten:

4 Tasse geriebene Cassava
1½ Tassen Kokosnussmilch (siehe Seite 6)
2 Eier, aufschlagen und in eine große Schale geben, 1 Tasse Zucker darüber geben und mit eine Schneebesen schlagen
4 bis 5 Esslöffel Sahne oder Kondensmilch
2 bis 3 Esslöffel Butter
Bananenblätter oder Alufolie

Zutaten für die Soße:

1/2 Tasse Kokosnussmilch (siehe Seite 6)
1 Esslöffel Mehl
1 Ei, aufschlagen, in eine Schale geben und verrühren
3 bis 4 Esslöffel Sahne oder Kondensmilch

So wird es gemacht:

☺ Backofen auf 200°C vorheizen, dann auf 180°C reduzieren.
☺ Backform mit Bananenblätter (Ersatzweise Alufolie) bedecken ➟ Cassava, Kokosnussmilch, Ei-Zuckermischung, Butter und Sahne gut vermengen und in Backform geben ➟ im vorgeheitzen Backofen schieben und 40 bis 45 Minute Backen.

☺ Kokosnussmilch, Sahne und Mehl für die Soße in einen Topf geben geben und gut vermengen ➟ bei mittlere Hitze kochen lassen, bis die Flüssigkeit dicker wird ➟ vom Herd nehmen ➟ Ei darüber geben und gut vermengen ➟ Topf auf dem Herd stellen und 3 bis 4 Minuten köcheln lassen ➟ Backform aus dem Ofen nehmen ➟ Soße darüber verteilen ➟ im Backofen schieben und weiter Backen, bis der Oberfläche braun wird.

❄❄❄❄❄❄❄❄❄❄

Eingelegte Zutaten und Soßen

Mango

Zutaten:

Grüne Mangos, in Streifen schneiden
Kristallisierte Salz

So wird es gemacht:

☺ Mangostreifen in eine Schale geben ➟ reichlich Salz darüber streuen und über Nacht ziehen lassen.
☺ Mangosstücke in vorgewärmten Gläser geben, zuschließen und beiseite stellen.

****

Erdnusssoße

Zutaten:

1/2 Tasse Erdnussbutter
1 Esslöffel Sojasoße
1/2 Tasse heißes Wasser
2 bis 3 Knoblauchzehen, vierteln
1 cm Ingwerwurzel, zerkleinern
1 kleine Chilischote, Stielansatz entfernen, der Länge nach halbieren und zerkleinern
1 Esslöffel Zitronensaft
1 Teelöffel brauner Zucker

So wird es gemacht:

☺ Knoblauch, Ingwerwurzel und Chili mit etwas Salz in einen Mörser geben und zerdrücken ➟ alle anderen Zutaten dazugeben und gut vermengen ➟ zu Hühnergerichte servieren.

Fischsoße

Zutaten:

2 Esslöffel Fischsoße
2 Esslöffel Wasser
1 Knoblauchzehe
1 Chilischote, Stielansatz entfernen, der Länge nach halbieren, Samen entfernen und zerkleinern
1 bis 2 Teelöffel Zucker
2 Teelöffel Zitronensaft

So wird es gemacht:

☺ Knoblauch, Chili und Zucker in eine Mörser geben und zerdrücken ➟ in eine kleine Schale geben ➟ alle anderen Zutaten dazugeben und gut vermengen.

****

Soße, süß-sauer

Zutaten:

1/2 Tasse Wasser
1 Teelöffel scharfe Chilisoße
1/2 Teelöffel Mehlstärke
1 Teelöffel Zucker
1 Esslöffel Tomatensaft
Prise Salz

So wird es gemacht:

☺ Alle Zutaten (außer Mehlstärke) in einen kleinen Topf geben, Rühren und zum Kochen bringen ➟ mit Mehlstärke andicken und servieren.

****